COLLECTION POÉSIE

MAURICE SCÈVE

Délie
Objet de plus haute vertu

Édition présentée, établie
et annotée par
Françoise Charpentier
Professeur à l'Université de Paris VII

GALLIMARD

PRÉFACE

« EN SI DURS ÉPIGRAMMES »...

Le huitain initial qui sert de portique au premier
« Canzoniere » français, que Scève a placé sous le nom
de Délie, annonce, condense, focalise en un point brillant
et énigmatique son projet poétique.

> Non de Vénus les ardents étincelles,
> Et moins les traits desquels Cupido tire,
> Mais bien les morts qu'en moi tu renovelles
> Je t'ai voulu en cet Œuvre décrire.
>   Je sais assez que tu y pourras lire
> Mainte erreur, même en si durs Épigrammes :
> Amour, pourtant, me les voyant écrire
> En ta faveur, les passa par ses flammes.

Le premier mot est « Non », inscrivant d'emblée la
tentation mortelle, les contradictions, la violence secrète
qui donne à l'œuvre sa tonalité propre : hauteur, dureté,
tension constante. Le premier regard du lecteur, attiré
par les rimes, rencontre le double registre, le double
niveau de l'élaboration poétique (l'écrire) et d'un contenu
igné : « étincelles — décrire — lire — Épigrammes —
écrire — flammes ». La conscience de l'Œuvre (« cet

7

Œuvre ») domine et englobe le déroulement même de l'écriture. Reprise et assomption d'un combat anarchique et douloureux, dont la « flamme » résume la teneur et l'intensité. « Vénus, Cupido » confirment ce que les rimes disaient déjà ; il s'agit d'amour (et quel autre sujet pourrait avoir un Canzoniere ?). « Cupido » occupera dans le texte une place bien déterminée : des deux « utérins frères » (Dizain CCXVIII) qui font la figure mythique de l'amour, Cupido symbolise le déchaînement du désir incontrôlé et la violence charnelle. Le Canzoniere, dans une trajectoire hautaine, entend maîtriser le désir, le transformer, en faire l'instrument et l'esclave d'une ascension spirituelle que refléterait la courbe du poème. La progression de Cupido à Amour signale dans l'épigramme cette ascèse. De l'étincelle à l'embrasement, de Cupido à Amour, le huitain passe par l'offrande du multiple (les étincelles, les flèches tirées par l'archer) et de la répétition. On a parfois voulu (c'est le travail de Verdun-L. Saulnier dans son Maurice Scève) lire dans ces poèmes la courbe biographique, largement entendue, d'un parcours amoureux. C'est un niveau de lecture qu'on ne saurait écarter, et qui au demeurant apparaît assez clairement. Il n'exclut pas cette autre lecture : la totalité d'une expérience affective, psychique, mentale, se trouve en chaque point du texte reprise, condensée, mise sous divers éclairages. La forme close et parfaite du dizain décasyllabique : 10 × 10, isole chaque poème et en fait un miroir convexe du tout. Mis à chaque épigramme dans le faisceau lumineux de la formulation poétique, un éclat de conscience illumine brièvement les ténèbres de l'être. L'indicible de la condition amoureuse, l'indicible du désir, qui cherche à se dire pourtant, n'adviennent à l'être poétique que par cette répétition quasi impitoyable ; sa *métaphore la plus proche est la mort, ou plutôt les morts :*

... les morts qu'en moi tu renovelles.

Tout dizain — même les plus heureux — est une mort renouvelée. Cette ascèse rigoureuse a la valeur d'une « trempe », image mallarméenne qui réapparaîtra vers la fin du recueil. Le huitain annonce cet accomplissement.

Une destinataire préside à ce projet : le huitain (avec toute l'œuvre qui le suit) est dédié « À sa Délie ». La relation de personne s'instaure étrangement toutefois. L'Amant-Poète, qui dira inlassablement « je » dans l'œuvre, qui met en scène ce « je » et le « tu » qu'il implique dans le huitain même, s'efface d'abord dans l'impersonnalité d'une troisième personne, marquée par le possessif « sa » Délie ; geste habituel de la dédicace, qui passerait inaperçu si, à la recherche de cet auteur qui va devenir personnage et sujet du texte, le lecteur ne tombait sur le mystère de simples initiales. Scève, dont la notoriété ne fait pas de doute, dont les œuvres (mis à part le Petit Œuvre d'Amour *de 1538) ont toujours été attribuées sans hésitation, Scève n'a jamais signé ses livres. Au nom d'auteur il préfère substituer une devise-signal, par où il est clairement reconnaissable, en tout cas par ses contemporains, mais qui lui semble peut-être mieux le spécifier que son propre nom. Ici la devise ouvre et referme la série des quatre cent quarante-neuf dizains qui forment le recueil, posée d'abord sous le huitain d'offrande. L'effacement du nom, simulacre trompeur d'un effacement du sujet, ne rend que plus visible le problème de l'autre nom, le nom de Délie.*

Telle se présente donc cette œuvre dans la nudité d'un abord abrupt. On peut en recevoir le choc sans commen-

9

taires, se laisser envahir et interroger par le texte tel quel. C'est le parti que choisissent certaines éditions muettes, livrant à la lecture l'énigme d'un objet sidéral.

Mais Scève ne perd peut-être rien en mystère ou en nouveauté à être remis dans l'éclairage qui est le sien. Résolues les fausses énigmes, écartés certains non-sens ou contresens, le mystère se déplace pour occuper son véritable lieu, au cœur même de cette poésie.

I. SCÈVE DANS L'ÉROTIQUE LYONNAISE

Ville fortement italianisée, Lyon dans les années 1530-1540 est un carrefour culturel où se fondent et se réactivent un ensemble d'influences complexes. Seconde ville de France pour l'imprimerie, foyer intellectuel intense où se croisent et se retrouvent poètes, savants, philologues, archéologues, c'est le premier centre d'un véritable mouvement poétique homogène, anticipant celui qui se regroupera autour de l'emblème des Pléiades. On parle à propos de Lyon d'une première Renaissance, ou d'une « Renaissance lyonnaise ».

Scève en est assurément le Prince, comme l'appelle Verdun-L. Saulnier. Mais, si sa figure et son œuvre se détachent hautement de cette culture lyonnaise, il lui est d'abord redevable d'un ensemble d'idées, d'expressions, d'habitudes poétiques. Il travaille sur le fonds commun de cette culture érotique très élaborée, résultant de la fusion de sources diverses.

— Répertoires d'amour, catéchismes d'amour

De même qu'à la suite de Pétrarque foisonnent les « canzoniere » amoureux, nombreux sont à l'époque de la Renaissance les trattati d'amore, *le plus souvent en forme de dialogue, questions et réponses, théorisant les questions d'amour. Proches du milieu et du texte de Scève, on se contentera de citer les* Dialoghi d'Amore *de Leone Ebreo (Léon l'Hébreu) et les* Dialogi *de Sperone Speroni, dont les derniers dizains de la* Délie *apportent des échos précis. Mais, pour repérer plus clairement ce qui a constitué la tradition que l'on trouve ici achevée, nous avons très sommairement, et comme* in vitro, *tenté de distinguer les éléments qui se sont en elle sédimentés et fondus. Citons hypothétiquement quatre de ces « couches » de sédimentation :*

— la source antique : l'Anthologie grecque, *et ses héritiers les élégiaques latins ;*

— l'amour courtois ;

— le « dolce stil nuovo » ; Pétrarque et les pétrarquistes ;

— le néo-platonisme florentin.

Aux poètes de l'Anthologie, à Properce, à Tibulle, à Ovide, on doit le stéréotype des beautés que l'on « voudrait en s'amie », comme dira plus tard un autre poète. C'est d'eux que viennent lys, roses, ivoire, neige ; la vision des cheveux dénoués ou savamment édifiés ; les yeux-étoiles. À eux aussi revient la première analyse des émotions d'amour : la paralysie devant l'aimée, la jalousie, les souffrances nocturnes ; les brûlures et les flammes. D'eux aussi, le scénario mythologique et les métaphores empruntées au répertoire fabuleux : l'amour enfant, l'amour archer ; l'aimée comparée à des déesses, ou dotée des beautés excellentes en chacune d'elles. Cette conception est essentiellement sensuelle ; l'amour physique y est exalté ; l'objet d'amour est socialement peu valorisé et mal spécifié, c'est bien souvent une courtisane.

La tradition courtoise a son théoricien : André Le Chapelain, qui à la fin du XIIe siècle élabore son œuvre, De Amore libri tres *(ou :* Ars amatoria*), condamnée un siècle plus tard en même temps que la doctrine des averroïstes ; et une surabondante illustration poétique en langue d'oc, romanesque en langue d'oïl. En apparence peu tributaire de l'héritage antique, elle apporte à la représentation littéraire de la vie amoureuse un élément radicalement nouveau : la valorisation et le culte de la Dame — qui trouvera des issues aussi bien chrétiennes que secrètement païennes. Cette tradition instaure aussi une forte codification de la vie amoureuse, conçue alors sur le modèle d'un service féodal. « Fin amors », l'amour courtois, est essentiellement d'essence aristocratique. Il dissocie, dans son principe même, l'amour et le mariage. Si son code raffiné élève et spiritualise la vie amoureuse, il n'en est pas moins fondamentalement sensuel, et le but qu'il ne perd jamais de vue est le « don de Merci », l'union charnelle. Enfin l'amant est poète, et la gratification érotique s'associe pour lui à la glorification poétique.*

Les poètes du « dolce stil nuovo » gauchissent ce culte de la Dame dans une perspective métaphysique. Dante élève son idéalisation au plan théologique ; si tous, comme Cavalcanti, ne suivent pas une route aussi austère, ils considèrent la « gentillesse » de la Dame comme un élément purificateur.

Pétrarque apparaît sur le fond de ce « dolce stil nuovo ». Il s'en écarte par un tourment sensuel violent ; il apporte à l'image féminine, l'image physique notamment, une riche stylisation, une métaphorisation brillante, une rhétorique antithétique poussée à l'extrême ; tout un répertoire d'images : chasse et vénerie, guerre et bles-

sure, cadre naturel et mythologisation constituent la matière du dire amoureux. L'amour est pour lui une découverte de la vie intérieure qui le détourne de la mondanité, mais reste un obstacle à la paix de l'âme. La mort de l'aimée l'arrache à la sphère mondaine pour l'élever à la vie éternelle : mais l'amour subsiste et reste souffrance et tourment.

Un siècle plus tard, la redécouverte de Platon, connu d'abord par les Commentaires de Marsile Ficin, qui furent publiés et lus avant ses traductions, va profondément imprégner la culture érotique de la Renaissance, en France notamment. Le Commentarium in Platonis Convivium, commentaire sur Le Banquet, sera un bréviaire de l'amour spiritualisé ; il sera plus tard adapté par Guy le Fèvre de La Boderie sous le titre de Discours de l'honneste amour sur le Banquet de Platon. Ce néoplatonisme se place d'emblée dans une perspective métaphysique. L'Amour, force originelle qui crée l'harmonie du monde, est la condition (mais n'est que la condition) d'une ascèse spirituelle ; le but en est la Connaissance et le Bien ; la possession charnelle en est exclue. Cette doctrine s'empare du code et de l'éthique de la vie amoureuse pour surenchérir sur sa ritualisation ; l'amour ayant pour source la beauté, elle classe les intermédiaires charnels de la vie amoureuse ; elle distingue des sens « permis » : le regard, l'ouïr (et la voix), qui sont nobles ; sont exclus le goût, l'attouchement ; le baiser, et bien entendu le don de merci : puissances déréglées qui font retomber l'âme dans le monde charnel, fondamentalement frappé de discrédit.

Voilà à peu près de quoi est fait le discours amoureux sur lequel va s'élever la diction singulière de Maurice Scève. Les lecteurs de la Délie auront reconnu au passage de nombreux thèmes, de nombreuses formulations, qui se retrouvent, encore visibles mais profondément retravaillées, dans le poème. Il reflète bien tout ce dit amoureux soutenu par une tradition de plusieurs siècles. L'inventaire des sources de Scève existe, enrichi par la succession des éditions savantes. Ces références peuvent toutefois en certains cas être abusives : on attribue à tel ou tel texte particulier un effet de discours qui en fait a traversé toute la tradition, de l'Anthologie aux récents pétrarquistes. L'image, le procédé, sont comme banalisés, tombés dans le code commun de la langue et de la culture ; ce qui compte ici est, d'abord, leur passage dans le français, qui les transpose, en tire des effets musicaux imprévus ; et, surtout, le réseau textuel dans lequel ils s'intègrent, créant de nouveaux rapprochements, de nouveaux sens, une nouvelle affectivité ; en somme ces anciennes trouvailles poétiques, comme lexicalisées, sont susceptibles, à un niveau d'intégration supérieur, du même travail, du même maniement que les simples mots de la tribu ; le poète en use comme du contenu du dictionnaire. Cela ne peut se dire, bien entendu, qu'en raison de la grande diversité des « sources » que l'on décèle à juste titre chez Scève. Si le recensement en est nécessaire, notre parti pris de lecture est différent et nous ne ferons qu'exceptionnellement état dans les notes des rapprochements que pourrait appeler le texte.

La langue et la poétique de Scève reflètent encore une autre tradition, moins ouvertement présente dans la culture lyonnaise, et dont il fera un usage très personnel : c'est la Grande Rhétorique encore toute proche. Dans son lexique notamment, mais aussi dans certains procédés, jeux verbaux, figures, allégories, on retrouve sans peine la trace de cette tradition ; quand Scève veut archaïser, il

14

se contente souvent de donner à un mot toujours en usage une acception en voie de disparition, qu'il a lue chez Gringore ou Jean Lemaire — Jean Lemaire de Belges, lui surtout, à la frontière exacte de la Rhétorique et de la toute jeune Renaissance, probablement l'une de ses influences importantes, peut-être insuffisamment signalée. Ici encore, ce qui comptera est l'usage singulier que le poète fait de sa source.

II. LA CONCEPTION DE LA *DÉLIE*

Delie object de plus haulte vertu *paraît en 1544 chez Antoine Constantin (le privilège est daté d'octobre 1543). Mais la première idée du recueil remonte beaucoup plus haut, bien avant même la date supposée de la « rencontre » avec « Délie ». Des témoignages de la vie littéraire contemporaine donnent à entendre que des épigrammes de Scève circulaient, ont été lues et connues ; autour du recueil à venir, on sent qu'il y a eu une attente. Les quatre cent cinquante épigrammes (le huitain et les quatre cent quarante-neuf dizains) se sont élaborées sur de longues années. L'œuvre ne se présente pas cependant comme l'entassement sans ordre de poèmes engrangés au cours du temps. Deux types de composition s'y combinent : l'un, narratif et philosophique à la fois, pourrait dessiner, on l'a vu, la progression d'un parcours amoureux, de l'« alliance » à la séparation et au renoncement, en passant par un certain nombre d'événements plus ou moins stéréotypés (malentendus, absences, jalousie, au centre desquels — mais non exactement situé — se dresse l'obstacle fondamental : le mariage de la Dame) ; ce parcours se double d'une évolution psychologique et spiri-*

tuelle que le poète voudrait cohérente : la maîtrise pro-
gressive du désir, une ascèse dont le dernier mot serait
peut-être le dernier mot du titre : « haute vertu ». Les
vers de clôture du recueil, après la vision du tombeau qui
constitue le dernier emblème, évoque l'assomption d'une
immortalité symbolisée par le genévrier :

> Notre Genèvre ainsi doncques vivra
> Non offensé d'aucun mortel Létharge.
>
> (D. CDXLIX.)

À cette organisation se superpose un ordre pour ainsi
dire architectonique. Dans une répartition rigoureuse,
après un portique constitué du huitain analysé plus haut,
de la devise « Souffrir non souffrir » et d'un premier
groupe de cinq dizains, apparaissent quarante-neuf em-
blèmes (bois gravés comportant une devise) séparés par
neuf dizains, le premier de chaque série reproduisant au
dernier ou aux deux derniers vers une adaptation versi-
fiée de la devise gravée. Un cinquantième emblème n'est
suivi que de trois dizains, et le recueil se ferme sur la
répétition de la devise initiale. La formule suivante peut
résumer cette ordonnance :

$$5 + (49 \times 9) + 3, \text{ ou} : 5 + (7^2 \times 3^2) + 3 =$$
$$449 \text{ dizains} ;$$

ou si l'on veut (et on le doit) tenir compte des emblèmes
en les symbolisant par E :

$$5 + 49 \,(E + 9) + E + 3 = 449 \text{ dizains}$$
$$\text{séparés par 50 emblèmes.}$$

Arithmétique, cette formule est-elle arithmosophique ?
La question a été posée. On remarque que 49 est le carré
de 7, nombre doté de vertus occultes ; 9, carré de 3, nom-
bre de la divinité, est lui-même porteur d'une idée de

16

perfection ; si l'on tient compte du huitain, la somme des épigrammes est de 450, soit 10 (9 × 5), 5 étant également affecté de qualités particulières dans la symbolique des nombres. Albert-Marie Schmidt, qui a étudié les rapports de Scève avec la « haute science », les sciences occultes, semble soutenir, dans la brève préface qu'il a donnée à la Délie *dans son anthologie des* Poètes du XVI* siècle (Bibliothèque de la Pléiade), que cette répartition est commandée par une pensée secrète : mais c'est peut-être là une feinte ironique. Dudley Wilson, dans son édition en fac-similé de la* Délie *de 1544¹, n'est pas plus convaincu des intentions ésotériques de Scève. L'argument qu'il avance est de poids : cette première édition est fautive dans la numérotation (alors que la succession des dizains et emblèmes est juste) ; il serait étrange que Scève ait laissé passer une telle erreur s'il avait voulu que les nombres fussent porteurs d'un message précis. Ce que l'on peut retenir, c'est le rythme et l'ordonnance qu'il a voulu donner à son recueil. Le choix de la forme parfaite et difficile du dizain décasyllabique milite dans le même sens. Ici le poète a voulu jouer la difficulté, non l'hermétisme. On peut en dire autant du soin minutieux qu'il a apporté à l'organisation des rimes. De façon générale, les dizains présentent sur quatre rimes une disposition savante, toujours la même à quinze exceptions près, qui crée une liaison forte et un entrelacement : ababbccdcd ; deux autres combinaisons seulement se substituent au modèle canonique. Libre au lecteur d'interpréter ces variations : ce qu'il faut affirmer, c'est qu'elles ne sont pas dues à quelque inadvertance. Enfin, l'alternance des rimes masculines/féminines n'est pas toujours rigou-*

---

1. Maurice Scève, *Délie*, 1544, with an appendix, introductory note by Dudley M. Wilson. London Scholar Press, 1972.

reuse : mais la règle n'était pas contraignante sur ce point en 1544.

Il faut bien, s'agissant de Scève, se décider à mettre le secret du texte, ou son hermétisme, là où il est véritablement : dans la condensation extrême de la pensée, dans l'intensité jugulée du sentiment, dans la concentration d'une forme pour laquelle le poète cherche d'abord, aux deux niveaux de la syntaxe et du lexique, liaison forte et brièveté, éclat et richesse de sens. Les figures du discours : allégories, métaphores, et les nombreuses ressources de la rhétorique, viendront encore ajouter à la densité brillante de cette poésie.

— Les emblèmes

Scève a voulu donner au contenu poétique de son livre une autre expression que le seul discours : l'image. Il faut toutefois noter que le privilège de 1543 envisageait la possibilité d'imprimer « le présent livre traictant d'Amours, intitulé DELIE, soit avec Emblesmes ou sans Emblesmes » ; sans doute le libraire-éditeur, Antoine Constantin, voulait-il se protéger de quelque contrainte économique fâcheuse. Mais il est clair que le poème est conçu avec les emblèmes. En vue des emblèmes ? ou à la suite ou à cause des emblèmes ? Cela est plus difficile à dire. On ne sait si Scève les a fait graver tout exprès pour son livre (hypothèse la moins probable) ; ou s'il a trouvé une série toute faite de cinquante bois avec leur devise, indépendante de tout texte : hypothèse plausible étant donné la diffusion et la vogue de l'emblème au XVIe siècle ; le plus vraisemblable est pourtant qu'il a trouvé un certain nombre de bois tout gravés : accordons même qu'ils aient constitué la plus grande partie de sa série ; et qu'il a pu *en faire graver quelques-uns pour les adapter à son texte. On croit pouvoir identifier l'auteur des emblèmes avec un graveur qui a plusieurs fois travaillé pour l'imprimeur Constantin.*

L'emblème, dans sa conception habituelle, comporte une gravure avec une devise (motto), intégrée ou non dans l'image même, suivie d'un texte plus ou moins important (il remplit souvent le reste de la page dont la gravure occupe le haut) ; ce texte est ordinairement en vers, de caractère didactique ou moralisant ; en latin ou en langue vulgaire ; l'emblème est donc la triple répétition du même message : la figure, la devise, le commentaire. Ces emblèmes peuvent avoir pour objet des représentations fabuleuses ou familières, des objets surprenants de la nature ou de la culture (« curiosa »), des scènes ou objets auxquels on veut assigner un sens symbolique. Ils répondent à une démarche complexe, esthétique, symbolique, didactique. Les recueils d'emblèmes ont connu une vive faveur au XVIe siècle.

*Dans ces recueils, le texte, même versifié (*Emblemata *d'Alciat par exemple), est subordonné à l'image, qui, elle, focalise l'attention et l'émotion esthétique. Il est clair que Scève détourne à son usage la pratique de l'emblème. La figure, certes, n'est pas un simple appoint ornemental du texte ; mais le texte ne lui est pas non plus subordonné. Chez Scève il n'y a aucune hiérarchie entre texte et image ; l'un et l'autre sont l'expression irremplaçable de l'expérience intérieure qu'il veut retracer. Ils viennent combler les deux organes des sens qui prédominent chez lui : la vue et l'ouïe ; ils ont dans son projet poétique une valeur spirituelle : on a pu voir la fonction que remplissent les sens « épurés » dans l'ascèse ficinienne. Il reste que le poète est le créateur des mots, non de l'image ; la* part « *créatrice* » *qu'il a prise au choix de cette image reste un processus mystérieux, qu'éclaire un peu sa relation avec le texte.*

L'emblème (gravure et devise) entretient dans la Délie *un rapport étroit avec le poème : très différent pourtant de ce qu'il est dans les recueils d'emblèmes. Les dizains ne développent jamais les éléments de la gravure, qui gardent souvent, par ce silence même, leur pouvoir énigmatique ; en revanche, la devise est réinscrite dans le dizain qui suit l'image, en place éloquente puisqu'elle le clôt ; le lien de la devise et de la gravure n'est pas d'ordre sensible, mais intellectuel, moral ou affectif ; la devise développe un caractère essentiel de la scène ou de l'objet représenté, l'explique parfois mais le plus souvent le détourne vers un sens symbolique.*

On a cherché, sans beaucoup de succès, à montrer que chaque emblème de Délie *commande l'ensemble des neuf dizains qui le suivent ; de façon explicite, les emblèmes ne se rattachent qu'au dizain suivant ; et le mode d'enchaînement des dizains répond à des lois ou des exigences beaucoup plus subtiles. On constate d'ailleurs que, parfois, un même thème se trouve réorchestré d'une neuvaine à une suivante. En revanche, l'emblème peut propager au loin dans les dizains, dans les limites de la neuvaine ou, parfois, bien au-delà, les ondes d'une sensibilité, d'une rêverie, d'un imaginaire qui ont été mis en route par le choc de l'image, à une grande profondeur, sans être explicités. On a par exemple deux gravures qui mettent en scène la Licorne, les emblèmes I et XXVI. Détournée de son symbolisme habituel de pureté et de guérison, la licorne ici traduit un profond sentiment de mélancolie, de blessure liée à l'image féminine, d'angoissante étrangeté à soi-même ; le second emblème (XXVI) n'est pas* commenté, qui représente une licorne au miroir d'une eau ; mais à quelques dizains de distance resurgit la mention de la fontaine recueillant l'image de la Dame (D. CCXXXV : « Au moins toi, claire et heureuse fontaine... »). La Licorne figure encore parmi les animaux qui, dans l'emblème XX, entourent la figure douloureuse d'Orphée. Ainsi la Licorne, fil de ce réseau d'images, est-elle métonymiquement associée à la Dame, mais métaphoriquement équivalente du Poète et de son tourment.

Il arrive aussi que le contenu visible de l'image soit évoqué dans le texte, mais bien en deçà ou au-delà. Le Basilic par exemple, autre animal fabuleux, dont le regard passe pour mortel, apparaît dans le poème au premier dizain :

> Mon Basilisque, avec sa poignant' vue
> Perçant Corps, Cœur et Raison dépourvue,
> Vint pénétrer en l'Âme de mon Âme.

Ce « Basilisque » apparaîtra visuellement à l'emblème XXI, lui aussi au miroir, qui le rend victime de lui-même : « Mon regard par toi me tue. »

On conçoit que Scève ait pu adopter, adapter, sans gauchir son projet, une série d'emblèmes préexistants : d'une part ces emblèmes, appartenant à une culture et un imaginaire communs, ne venaient que se joindre au réservoir d'images et de curiosités que lui-même portait en lui. Par ailleurs, il traite avec une parfaite liberté, et parfois paradoxalement, la sentence toute faite que lui apporte ce discours commun, qu'elle soit inscrite dans sa mémoire ou réactivée par la rencontre d'un emblème. En outre, Dudley Wilson suggère que la devise, distincte de la figure dans le bois gravé, peut fort bien avoir été modifiée et regravée pour mieux correspondre aux intentions

du poète. En tout état de cause, les emblèmes font indisso-
lublement, structuralement partie de la Délie.

III. LE DESSEIN POÉTIQUE

Délie : celle de Délos ; Artémis, Diane, en qui viennent
se fondre des mythes complexes de chasse, de monde noc-
turne et de magie. Le nom emblématique sous lequel Scè-
ve place son recueil n'est pas un simple jeu mondain, un
voile sous lequel le lecteur peut chercher une femme ou
des femmes réelles ; il est aussi plus qu'une façon de sug-
gérer une stylisation de l'objet d'amour. Il est possible que
« Délie » soit une anagramme de « l'Idée » — bien que
Verdun-L. Saulnier repousse cette suggestion — : la
devinette anagrammatique était prisée des humanistes, et
Scève est assez platonicien pour que l'on puisse lui prêter
une telle intention. Cependant, il y a probablement, aus-
si, quelqu'un sous ce nom, femme unique ou modèle mul-
tiple. On croit savoir que celle qui a préférentiellement
inspiré le poème est la poétesse Pernette du Guillet. Née
en 1518 ou 1520, elle est de près de vingt ans moins âgée
que lui, et l'on suppose — roman ou non — qu'il a pu
jouer auprès d'elle un rôle de précepteur et de maître. Il
l'aurait rencontrée et élue en 1536 ; le mariage de Per-
nette (sans doute en 1538) les place désormais dans la
relation courtoise type, où amour et mariage sont dis-
joints. Les œuvres de Pernette se mettent expressément
dans le brillant sillage de Maurice Scève ; elle inscrit
amoureusement dans ses poèmes de laborieuses anagram-
mes de son nom (« VICE À SE MUER, CE VICE MUE-
RAS », épigramme V), et des jeux de mots un peu bas-
bleu sur une forme latine de ce nom, « saevus ».

Puisque, de nom et de fait, trop sévère...

(Épigramme XXXIV.)

Ces Rymes *de Pernette du Guillet sont explicitement et exclusivement vouées à l'amour d'un seul, envers qui elle manifeste admiration, tendresse, et parfois un désir mal reconnu. L'obstacle de son mariage, sa situation pénible entre ami et mari, les diverses anecdotes d'une passion apparaissent sans détour dans ce texte. Elle appelle tendrement l'ami son « Jour » et tisse autour de la Rencontre amoureuse tout un réseau métaphorique de l'ombre et de la lumière ; elle fait de lui son initiateur à la « vertu » et à un « haut Bien » d'inspiration fortement platonicienne. La forme même de sa poésie tend à reproduire la constriction et l'obscurité des dizains de Scève, dont elle adopte le système de rimes. Cette œuvre de Pernette, en somme, apporte une réponse au mystère du nom de Délie et donne à cette liaison une sorte de notoriété officielle. Il est vrai qu'elle n'est publiée qu'après sa mort très prématurée, mais aussitôt après, et sur les instances de son « dolent mari ». Liaison qui apparaît haute et chaste, et répond au projet de l'« honnête amour » néoplatonicien.*

Le projet amoureux tel qu'il s'exprime dans Délie *ne se laisse pas réduire à ce schéma trop simple. Rien ne permettrait, sans l'apport des* Rymes *de Pernette, d'identifier la Dame, et rien n'assure qu'elle ait été unique. La* Délie *au demeurant fait état d'un ancien amour, interrompu quinze ans auparavant par la mort de l'Aimée (D. CXII). L'exigence ardente de l'Amant s'adresse bien à une seule figure, mais idéalisée, stylisée ; et, si un modèle privilégié en remplit sans doute la forme incertaine, rien ne permet d'en faire l'exclusive et exacte transcription de ce modèle réel. Le* je *et le* tu *emplissent dra-*

matiquement tout l'espace de ce Canzoniere ; mais leurs places ne sont pas symétriques. L'analyse plus précise de leur statut permet de mieux caractériser l'amour scévien et le projet de la Délie.

— Du côté de l'objet

« *Objet de plus haute vertu* » : on ne saurait mieux — si l'on ose dire — mettre l'Autre à sa place. *Délie* n'est jamais mise en position de « sujet ». La figure de la Dame ne sera jamais directement saisissable, jamais mise en scène pour elle-même. De son corps, son visage, ses yeux, son teint, on n'a que l'idée la plus vague et la plus stéréotypée. En revanche, on est pleinement renseigné sur l'effet que produisent ces yeux, ce teint, ce corps. Quelques rares croquis saisissent Délie en action :

> Délie aux champs, troussée et accoutrée
> Comme un Veneur, s'en allait ébattant.
> Sur le chemin, d'Amour fut rencontrée...
>
> (D. CCCXXVII.)

Mais ce croquis, d'esprit alexandrin, est manifestement un rêve, un fantasme, une transposition dans le monde mythique. En de rares occasions, on voit Délie dans une attitude, qui la spécifie peu, il est vrai, mais permet de percevoir un corps de femme. Elle est peu expansive, et il faut un temps d'absence « plus long qu'un siècle platonique » pour qu'au retour elle s'abandonne aux bras de l'Amant :

> Car en mon corps, mon Âme, tu revins,
> Sentant ses mains, mains célestement blanches,
> Avec leurs bras mortellement divins
> L'un coronner mon col, l'autre mes hanches.
>
> (D. CCCLXVII.)

Si l'Amant veut saisir quelque trait plus matériel, il ne le fait que par prétérition. Une série de dizains autour du thème du portrait (D. CCLXXVII, CCLXXXVIII, CCXCI) tente de traduire dans l'écriture une image de Délie : mais ils signent un constat d'échec. Le poète sent, et dit pathétiquement, que ce qu'il a à dire de Délie n'est pas du domaine du visible : il lui faut abandonner le précis, le concret, pour rendre des qualités abstraites :

> Contour des yeux, et pourfile du nez
> Et le relief de sa vermeille bouche
> N'est point le plus en moi bien fortuné,
> Qui si au vif jusques au cœur me touche.
>
> (D. CCXXXIII.)

Délie pourtant envahit le paysage du poème, et l'on s'étonne d'une telle présence et d'une telle abstraction à la fois. C'est pourtant en s'adressant à l'œil « trop ardent » qu'elle s'empare du cœur de l'Amant, dans une immédiateté éblouissante. Éblouissement : le mot explique peut-être l'infirmité visuelle qui frappe l'Amant. Il ne voit qu'avec les yeux du Cœur (l'affectivité), du « Sens » (l'intelligence), de l'Âme. Au vrai, Délie émeut aussi violemment en lui un désir sensuel, qui le « dépourvoit » et ne cesse de se dire : mais contre ce désir il lutte sans relâche, pour accéder à cette perfection faite d'intellectualité et d'abstention corporelle. Dès le premier dizain, Délie est placée sur le piédestal d'une « Idole » : cette idole qui bientôt réapparaîtra hors discours dans la composition de l'emblème III, La Lampe et l'Idole (« Pour t'adorer je vis ») :

> Mon Basilisque, avec sa poignant' vue
> Perçant Corps, Cœur et Raison dépourvue,
> Vint pénétrer en l'Âme de mon Âme.

> Grand fut le coup, qui sans tranchante lame
> Fait que, vivant le Corps, l'Esprit dévie,
> Piteuse hostie au conspect de toi, Dame,
> Constituée Idole de ma vie.

(D.i.)

On dirait que l'Amant consent à retrouver des yeux pour voir lorsque ce qu'il voit lui est motif de souffrance. Le désir de perfection de Délie, qui semble essentiellement investi dans la chasteté, a deux versants: celui de l'« honnête amour », qui crée entre les amants une alliance exceptionnelle et doit les mener à une « gloire » éclatante, reconnaissance de leur « vertu »; mais aussi une sorte de sadisme « impiteux » qui va jusqu'à la cruauté physique; Délie prend en main cette « tranchante lame » qui n'était au dizain I qu'une métaphore; le poète se laisse troubler par cette image suspecte — plus suspecte encore quand on voit dans quels termes elle s'exprime:

> De l'Arc d'Amour tu tires, prends et chasses
> Les cœurs de tous à t'aimer curieux;
> Du Bracquemart de Mars tu les déchasses
>
> ....
>
> Rends son épée à ce Dieu inhumain,
> Et à l'Archer son arc fulminatoire,
> Et tes Amants fais mourir de ta main.

(D. cx.)

Chasse et chasteté ont partie liée: cela n'a pas échappé aux poètes de ce siècle qui a cherché avec tant de fièvre à capter la vérité dans les imprévus du langage. Quoi que vaille ce jeu de mots, son fil rouge affleure partout dans la trame du texte. La souffrance masochique, réponse exacte au chaste sadisme de l'Aimée, absout l'émotion sensuelle et lui donne libre cours à la fois; alors le poète peut voir et traduire, si stéréotypés que soient les éléments du portrait:

Sur le matin, songeant profondément,
Je vis ma Dame avec Vénus la blonde.
Elles avaient un même vêtement,
Pareille voix, et semblable faconde,
Les yeux riants en face et tête ronde
Avec maintien qui le tout compassait.
    Mais un regret mon cœur entrelaçait,
Apercevant ma Maîtresse plus belle.
Car Cythérée en pitié surpassait,
Là où Délie est toujours plus rebelle.

(D. CI.)

Beauté, perfection, Bien du Bien ; chasteté rebelle, cruau-
té : on ne saura décidément rien de plus sur Délie. Quel-
ques dizains laissent supposer qu'elle a pu aimer ; « Tant
fut la flamme en nous deux réciproque », écrit le poète
(D. XLIX), ou encore il mentionne

    La sienne en moi loyale affection.

(D. CCII.)

Une fois, une seule, elle semble avoir comblé
l'Amant :

    Fortune enfin te put domestiquer,
    ....
    Ta coulpe fut, et ma bonne aventure.

(D. CCLXXXVII.)

Délie est insaisissable parce qu'elle est l'objet d'une extrê-
me stylisation, d'une métaphorisation intense et, au ter-
me de ce processus, d'une mythification.
    Les parties du corps en elle ne sont dites que dans le
registre de l'excellence et de la comparaison ; ses mains
célestement blanches, ses bras divins sont peu faits pour
la caresse et pour l'étreinte. Ses yeux sont flèches, feu, ses
regards blessure, « venin ». Le visage est rarement le

27

*visage, mais, déjà divinisé, « ta face », et dans une sché-
matisation surprenante « ton rond » :*

Quand de ton rond le pur clair se macule...

(D. CXCIII.)

*Ici tout l'étincelant répertoire pétrarquiste sert cette styli-
sation de l'objet : métaphores du monde métallique, mi-
néral, parfois sidéral. Les cheveux sont d'or, le teint d'al-
bâtre, d'ivoire, la blancheur de neige :*

Tes cheveux d'or annelés et errants
Si gentiment dessus ton Soleil dextre   *(ton œil droit)*
Sont les chaînons étroitement serrant
De mille Amants l'heureux et mortel estre.

(D. CCXCVLI.)

*Autour de Délie sont convoqués matières précieuses, or,
perles (« unions ») :*

Blanc Alebâtre en son droit rond poli,
Que maint chaînon superbement coronne ;
Ivoire pur en union joli,
Où maint émail mainte joie se donne.

(D. CLXXII.)

*La femme devient femme-colonne (« Colonne de ma
vie ») que sa tête altière couronne comme un chapiteau
(D. CDXVIII, « Sous le carré d'un noir tailloir... »).
Le caractère moral de Délie appartient aussi au monde
du froid, de la glace, du marbre, du diamant. Le poète
se plaint du « Marbre dur de [son] ingratitude »
(D. CXXV), de son cœur « surpris du froid de [sa] dur-
té » (D. CLXXXV). La fascinante surface du miroir
recueille et double l'image de Délie :*

Dans son poli, ce tien Cristal opaque,
Luisant et clair, par opposition
Te reçoit toute...

(D. CCXXIX.)

28

Délie est elle-même miroir du Monde (D. CCCIII),
miroir de l'Amant et de sa pensée :

> Plus je la vois, plus j'adore sa face,
> Miroir meurtrier de ma vie mourante.
>
> (D. CCCVII.)

> Quand je te vis, miroir de ma pensée...
>
> (D. CDXV.)

Le miroir, dans son extrême richesse métaphorique, sert de
symbole multiple ; il est l'Autre, celle ou celui en qui l'on se
mire ; mais cette altérité trompeuse ne renvoie que du
même ; les emblèmes représentent plusieurs fois cette dange-
reuse réflexion spéculaire ; penché sur son image, Narcissus
en vain aime (emblème VII) et meurt (D. LX) ; la Licorne
« qui se voit » d'elle-même s'épouvante (emblème XXVI) ;
au miroir le « Basilisque » reçoit la blessure mortelle de son
propre regard (emblème XXI) : or rappelons-nous que la
première désignation de Délie dans le texte a été « mon
Basilisque ». L'image de Délie enfin embrase le miroir qui
la reçoit (D. CCXXX).

Le poète outrepasse encore ce violent déplacement mé-
taphorique, et achève cette idéalisation de l'objet par toute
l'élaboration mythique construite autour du nom de Dé-
lie. Elle est la Diane céleste, terrestre et infernale. Dès les
débuts du poème, l'emblème II (La lune à deux crois-
sants : « Entre toutes une parfaite ») et l'admirable di-
zain XXII (« Comme Hécaté... ») installent dans le tex-
te ce mythe de Diane. « Nom » et « surnom » reçoivent
leur explication et leur statut au dizain LIX :

> Car je te cèle en ce surnom louable
> Pource qu'en moi tu luis la nuit obscure.

Le nom est motivé par la nature même de Délie ; mais il se
peut aussi que le nom génère le texte et construise le monde

amoureux. Ce nom se retourne contre le poète. Le nom et la réalité de Diane impliquent cruauté, rigueur, massacre :

> Pardonnez-moi, si ce nom lui donnai,
> Sinistrement pour mon mal inventé
>
> ....
>
> Je lui écris et surnom et maîtrise,
> Pour être à elle en ses vertus semblable.
>   Mais au rebours, elle, ô Dieux ! les méprise,
> Pour à mes vœux se rendre inexorable.
>
> (D. CCCXCIV.)

Délie porte en elle tous les attributs des trois Diane, bénéfiques et maléfiques. En outre, presque tout le personnel légendaire et imaginaire qui traverse le poème est, de près ou de loin, lié à la sphère de Diane-Artémis, et parfois de son frère solaire Apollon. L'Amant se rêve sous les traits d'Endymion, figure voluptueuse et mortelle. Actéon, le chasseur déchiré de l'emblème XIX, est le plus frappant des personnages qui gravitent autour de la légende de Diane. Il a connu au XVIe siècle une immense fortune ; illustrant l'interdit du regard et la déchirure de la passion, il appelle tout particulièrement chez Scève une forte identification, bien que le poète le laisse dans un silence mystérieux, sans même le mentionner dans les dizains.

Cette sphère de Diane s'étend à des détails moins visibles. On peut reconnaître dans Dictynne une nymphe assimilée à Artémis (D. CCCLIII). Mais il faut plus d'attention pour se souvenir que l'absinthe, le dictame qui soigne les blessures, le cèdre guérisseur, sont de ses attributs (D. L, LXX, CDXXII, CCCLXXII). Pandora (D. II) dans les légendes orphiques est identifiée à Hécate ; plus secrète encore, la modeste mule de l'emblème XXXII fait partie des animaux qui tirent le char de Diane. La curiosité savante et ésotérique de Scève est trop

*grande, les traces dans le texte sont trop nombreuses, pour
que tout cela soit le fruit d'un hasard.*

*De façon plus globale, animé à partir de la représenta-
tion lunaire, tout le scénario de la passion gravite autour
d'une métaphorisation cosmique de Délie. Délie comme
astre nocturne illumine les ténèbres du monde et les ténè-
bres de l'être (« en moi tu luis la nuit obscure »). Elle est
le Vrai, dont l'Amant n'est que l'ombre projetée dans le
sensible ; c'est ainsi qu'avec une grande hardiesse Scève
subvertit un topos de la poésie précieuse, où l'Amant,
« corps » matériel et lourd, demande à la Dame d'être
son « âme » ; ici le corps, c'est le Vrai, source lumineuse
dont l'amant n'est que l'ombre, qui se meut au gré des
révolutions de l'astre :*

> Tu es le Corps, Dame, et je suis ton ombre,
> Qui en ce mien continuel silence
> Me fais mouvoir...
>
> (D. CCCLXXVI.)

*Participant des cycles de la nature, Délie fait les saisons
ou les perturbe. À vrai dire, cette assimilation cosmologi-
que touche aussi l'Amant, siège de tempêtes et de sou-
dains apaisements. Cette conception repose sur l'idée très
ancienne que le grand et le petit monde, Macrocosme et
Microcosme, sont parfaitement contigus et solidaires.
Rien ne se passe dans les sphères élémentaires, sublunai-
res, célestes et spirituelles sans avoir sa répercussion sur
le destin des hommes (d'où la complexité des influences
astrologiques). Mais aussi bien le trouble violent des hom-
mes, les tempêtes individuelles trouvent-ils leur écho
dans les dérèglements du cosmos, qui en sont le signe.
Pour l'Amant, ce qui fait littéralement la pluie et le beau
temps, c'est Délie. Son pouvoir s'étend jusque sur de
menus accidents météorologiques :*

Lors j'aperçus les Dieux du Ciel pleuvoir,
Craignant son feu qui tant de gens brûla.

(D. CLXX.)

Ainsi le poète détaille-t-il l'étrange causalité amoureuse des phénomènes physiques qui affectent son paysage familier (D. CXXIV, CXXVIII). Plus profondément, il accorde le rythme de sa vie intérieure au rythme des saisons réglées par le pouvoir de Délie :

Vois que, l'Hiver tremblant en son séjour,
Aux champs tout nus sont leurs arbres faillis.
Puis, le Printemps ramenant le beau jour,
Leur sont bourgeons, feuilles, fleurs, fruits saillis.
    Arbres, buissons et haies et taillis
Se crêpent lors en leur gaie verdure.
    Tant que sur moi le tien ingrat froid dure,
Mon espoir est dénué de son herbe ;
Puis, retournant le doux Ver sans froidure,
Mon An se frise en son Avril superbe.

(D. CXLVIII.)

Ce déplacement de l'objet du côté de la métaphorisation et du mythe constitue l'un des deux aspects d'un processus qui relève à la fois du psychisme et de la création ; c'est l'idéalisation, tout orientée vers l'objet d'amour. Elle a son complément nécessaire dans une démarche qui se trouve, elle, du côté du sujet. Ici le « je » revient en scène, et nous permet d'interroger les composantes de l'amour scévien.

— L'état amoureux

La contradiction est inscrite en tête du Canzoniere : nous avons relevé le « Non » initial, étrange façon d'en-

32

gager un propos. Ce « non » ultérieurement corrigé est un des cadres de la phrase scévienne — et à ce titre, significatif — : la table des incipit nous signale sept dizains de ce type, plus un « Ne... ne » (ni... ni) qui est de même construction ; sans préjudice de phrases semblables à l'intérieur des dizains. La dénégation est le signal d'une lutte, et Scève met en scène dans le texte le oui et le non luttant à coups de poing :

> Oui et non, aux Cestes contendant,
> Par maints assauts alternatifs s'assaillent ;
> Tous deux à fin de leur gloire tendant
> En mon cerveau efforcément travaillent...
>
> (D. CLXXXI.)

Épuisant combat, et sans issue possible :

> Si sens-je en moi de peu à peu miner
> Et la mémoire et le sens tout confus.
>   D'ailleurs l'ardeur, comme eux, ne peut finer ;
> Ainsi je suis plus mal qu'onques ne fus.
>
> (*Ibid.*)

Le poète est donc le champ clos d'un combat convulsif et douloureux. Ce conflit, assurément, est d'ordre ontologique : désespoir de l'esprit qui aspire au vrai et n'atteint que l'illusion, de l'être épris d'absolu enchaîné dans l'immanent et le transitoire, de l'âme éprise d'éternité menacée par l'urgence du temps et de la mort... Tout cela est vrai, tout cela peut se lire dans les dizains. Mais il faut replacer les termes du conflit, le oui et le non, dans le domaine plus précis de la vie amoureuse : c'est l'aspiration à un amour absolument épuré de toute attache charnelle qui lutte « à coups de poing », « aux Cestes », contre cet autre Bien, pure jouissance, « fruition » qui englobe la jouissance corporelle. Pour Délie, il est clair que le Bien à atteindre se trouve dans la sphère lumineu-

*se des Essences, et le poète adopte, ou paraît adopter, sa
terminologie ; quand il vise au « Bien », au bien super-
latif, au « Bien du Bien », c'est cette ascèse platonicienne
qu'il a en vue ; il adopte, ou paraît adopter, cette concep-
tion selon laquelle il existe deux sortes d'amour : le mau-
vais et le bon, le déréglé et le spirituel ; le malheur est
qu'il souffre des deux :*

> Amour ardent et Cupido bandé,
> Enfants jumeaux de toi, mère Cypris,
> Ont dessus moi leur povoir débandé,
> De l'un vaincu et de l'autre surpris.
>   Par le flambeau de celui je fus pris
> En doux feu chaste et plus que vie aimable.
>   Mais de cettui la pointe inexorable
> M'incite et point au tourment où je suis
> Par un désir sans fin insatiable,
> Tout aveuglé au bien que je poursuis.

(D. CCXVII.)

*En proie à ces deux « utérins frères » (D. CCXVIII),
l'Amant ne peut que vivre un état insupportable. La
source de son tourment est double : il pâtit de la rigueur
impitoyable de l'Aimée ; celle-ci a pour cause cette obses-
sion sensuelle, toujours virtuellement présente, à laquelle
il se laisse parfois aller :*

> Plus pour ébat, que non pour me douloir
> De toujours être en passions brûlantes,
> Je contentais mon obstiné vouloir :
> Mais je sentis ses deux mains bataillantes,
> Qui s'opposaient aux miennes travaillantes
> Pour mettre à fin leur honnête désir.

(D. CCCIX.)

*Mais l'autre cause, la plus profonde, de son tourment, est
en lui. Car il est divisé contre lui-même ; toute une partie
de lui refuse de discréditer le désir dans ce qu'il a de
plénier. Le dizain que l'on vient de lire le dit : le désir*

« honnête », c'est celui pour lequel ses mains « travaillent », auxquelles s'opposent les deux mains bataillantes de Délie. Dans le système de valeurs de Délie, il est contraint de condamner les rages du désir. Mais, en réalité, si le désir est mauvais, c'est de n'être pas satisfait. Scève tente de rationaliser ce conflit des deux « biens » dans des antithèses où il se complaît : de son bien naît un mal, et de son mal un bien :

> Continuant toi, le bien de mon mal,
> À t'exercer comme mal de mon bien,
> J'ai observé, pour voir ou bien ou mal,
> Si mon service en toi militait bien...
>
> (D. LXV.)

Mais il parle plus juste quand il problématise la relation de l'espoir et du désir, objet de nombreux dizains. L'espoir entretient le désir, et le désir non comblé fait mal. L'emblème IX (La Targue : « Ma fermeté me nuit ») illustre cette idée que l'espoir continu maintient son « obstiné vouloir » et entretient en lui ce désir qui le « mord » ; mais on ne voit pas que le désir soit condamné. L'Amant se donne comme un Prométhée du désir, mais un Prométhée innocent :

> Au Caucasus de mon souffrir lié
> Dedans l'Enfer de ma peine éternelle,
> Ce grand désir de mon bien oblié,
> Comme l'Autour de ma mort immortelle,
> Ronge l'esprit par une fureur telle
> Que, consommé d'un si ardent poursuivre,
> Espoir le fait, non pour mon bien, revivre,
> Mais pour au mal renaître incessamment,
> Afin qu'en moi ce mien malheureux vivre
> Prometheus tourmente innocemment.
>
> (D. LXXVII.)

35

Le tourment semble ici déplacé du côté de l'esprit, mais il est clair que « l'esprit » est à entendre de façon extensive. « Désir » est le mot le plus abondant, mais aussi le plus ambigu du lexique de Scève. C'est la multiplicité des aspects du désir qui fait le tourment et la division « outrée », excessive de l'Amant :

> Aussi comment serais-je à elle uni,
> Qui suis en moi outrément divisé ?
>
> (D. CDXXVII.)

« Désir » est dans le texte modalisé par de nombreux qualificatifs qui disent sa diversité ; mais essentiellement selon deux catégories : celle de l'élevé, « haut désir, hautain désir, désir plus haut... » ; et celle du violent, du brûlant, de l'irrationnel : « fol désir, désir ardent, désir qui mord, désir sans fin, insatiable » ; mais on chercherait en vain un adjectif qui disqualifie moralement le désir ; ce qui le qualifie négativement, c'est ce qui tourmente et déçoit : vain, fol, sans fin.

L'Amant a passé avec la Dame un contrat d'« honnête » amour et d'« honnête » désir. C'est ce qui le met en situation intenable ; car à « honnête » il ne donne pas le même sens que Délie. Il est prêt à magnifier le désir jusqu'à sa réalisation. Une sorte de restriction mentale à peine consciente, et parfois une sorte de ruse secrète trouble sa relation à Délie et son contrat de soumission absolue. On n'entend nul regret, nulle culpabilité de sa part dans le dizain que l'on peut appeler le « dizain de la possession » (CCLXXXVII).

Il lui semble parfois que Délie est tout près de partager son projet, qu'elle promet plus qu'elle ne dit ; à la limite du refus, juste assez pour entretenir son vain espoir,

Délie se dérobe et prolonge indéfiniment l'état de frustra-
tion de l'Amant :

> Te voyant rire avecques si grand' grâce,
> Ce doux souris me donne espoir de vie,
> Et la douceur de cette tienne face
> Me promet mieux de ce dont j'ai envie.
>
> (D. XCVI.)

> Le Vêpre obscur à tous le jour clouit
> Pour ouvrir l'Aube aux limbes de ma flamme,
> Car mon désir par ta parole ouït
> Qu'en te donnant à moi, tu m'étais Dame.
>   Lors je sentis distiller en mon âme
> Le bien du bien, qui tout autre surmonte.
> Et néanmoins, assez loin de mon compte,
> Pitié te fit tendrement proférer
> Ce doux « nenni » qui, flamboyant de honte,
> Me promit plus qu'onc n'osai espérer.
>
> (D. CXXXIII.)

L'Amant-Poète ne renonce pas à vouloir ce qu'il veut ;
et il n'exclut pas ce qu'il veut de la sphère du Bien ; le
« bien du bien » pour lui s'achève dans la plénitude
amoureuse. On en a la contre-épreuve dans ce mouve-
ment de dépit, ou peut-être de désespoir, que traduit l'un
des derniers dizains :

> Doncques après mille travaux et mille,
> Rire, pleurer et ardoir et geler,
> Après désir et espoir inutile,
> Être content, et puis se quereller,
> Pleurs, plaints, sanglots, soupirs entremêler,
> Je n'aurai eu que mort et vitupère !
>
> (D. CDXLI.)

À une place symétrique mais dans les débuts du recueil, un
dizain un peu énigmatique avertissait Délie de la vraie
teneur de ce Bien, qui lui aura finalement échappé :

> ... émouvoir si grand' dissention
> Pour moins que rien, ne peut être que faute :
> Faute, je dis, d'avoir été mal caute
> À recevoir du bien fruition,
> Qui nous eût fait aller la tête haute,
> Trop plus hautains que n'est l'Ambition.

(D. XLVII.)

Scève en somme, s'il adopte le vocabulaire néo-platoni-cien et ficinien de Délie, n'est nullement ficinien, nulle-ment néo-platonicien. S'il faut le placer (mais est-ce nécessaire ?) à un endroit de la tradition érotique, on dirait qu'il est presque absolument l'Amant courtois, celui qui a mis son bien suprême à la fois dans l'espace d'un corps et dans l'espace de l'entreprise poétique.

— Le projet poétique

Tel est donc cet état d'amour, si douloureux qu'à cha-que instant on croit en mourir, et toujours entretenu par la vibration du désir et de l'espoir. De cet état le poème dit inlassablement qu'il est à la fois mort et vie : ce sont là, renouvelant un topos pétrarquisant, deux termes constitutifs du monde de la Délie.

L'état amoureux crée la tension et la densité de cette poésie. Sa façon d'exorciser la douleur est de prendre l'ex-périence affective dans les filets d'une expression concen-trée et antithétique, qui tente de rationaliser le conflit par une syntaxe serrée, ponctuée des marques logiques du dis-cours : le « mais » adversatif, le « car », le « ainsi », le « dont » consécutif ou explicatif si fréquent chez Scève ; syntaxe tout à la fois fortement elliptique, qui surprend par sa brusquerie et oblige l'esprit à recréer l'enchaîne-ment des thèmes. Par ailleurs, à l'opposé de cette instru-mentation hautement intellectuelle, soutenue encore par l'abstraction du lexique, le conflit s'exprime par des séries d'images brillantes, très antithétiques elles aussi, où dominent les motifs du feu et de la glace, de la tempête et du « serein », de la ténèbre et de l'éblouissement ; ici comparaison fait raison. Rationalité et émotion se soutiennent mutuellement pour hausser cet état inexprimable, qui menace l'esprit de naufrage, à la hauteur de la diction poétique.

Car, nouvelle aporie, le poète se trouve pris entre la menace de folie qu'est l'amour, et le sentiment de dissolution qu'est le non-amour. Il suggère un avant-texte où la passion le laissait en repos : ce sont les fameux quinze ans, les « trois lustres » d'apathie érotique. Dans cet état en somme euphorique, ou qu'il feint de croire tel, il se dissout, va vers l'inconsistance, la « vanité » :

> Longue silence où je m'avainissais
> Hors la mémoire et des Dieux et des hommes
> Fut le repos où je me nourrissais,
> Tout déchargé des amoureuses sommes.
>
> (D. CXII.)

Dizain capital, et que l'on peut entendre comme une dénégation. Car c'est bien la plainte qui s'élève lorsque de nouveau Amour frappe, rendant son âme « toute playeuse » ; « grand fut le coup », et d'une éblouissante rapidité ; c'est un enfer que rallume Délie (D. CXI). Mais la torture amoureuse rend le poète à la contemplation de la beauté, à la délectation du monde, à la jouissance du sensible ; elle le rend à la poésie : c'est ce que dit paradoxalement la fin de ce dizain ; de nouveau il chante :

> ... du grief mal l'Âme toute playeuse
> Fait résonner le circuit Plancien
> *(= Lyon, la ville de Plancus).*

« *Resonner* » : *l'ancienne langue ne porte pas d'accent. Certes les murs* « *résonnent* » *des lamentations de l'Amant ; mais on peut entendre aussi que cet espace re-sonne des chants du Poète. Pour douloureuse qu'elle soit, l'expérience amoureuse le fait repasser de l'* « *avainissement* » *à l'être, et à l'être poétique. Le monde extérieur existe pour l'amour. Ce poème que l'on dit intellectuel et abstrait se sert tendrement des lieux familiers pour fixer en une image l'état amoureux :*

> Plus tôt seront Rhône et Saône déjoints
> Que d'avec toi mon cœur se désassemble.

(D. XVII.)

Scève a donné à son Canzoniere le cadre du paysage lyonnais, urbain et champêtre. Saisons, brouillards, éclaircies, fleuves et collines, Fourvière et la Saône illustrent ou métaphorisent les mille instants de la vie amoureuse. Si le poème est traversé de douleur, la ligne n'en est pas continue, et (sans systématiser) on pourrait, à peu près jusqu'à la moitié du texte, discerner comme une courbe du bonheur possible.

Mais les convulsions de l'âme amoureuse, dont nous avons tenté d'approcher, de loin, le secret, sont usure et menace. Le temps, qui peut scander le bonheur (l'an qui « *se frise en son Avril superbe* ») *est aussi morsure, progression vers la mort ; l'entreprise poétique et amoureuse tente, dans un effort héroïque, d'en renverser le sens : c'est le temps qui s'use, et non moi :*

> Ô ans, ô mois, semaines, jours et heures,
> Ô intervalle, ô minute, ô moment,
> Qui consumez les durtés, voire seures,   *(sûres)*
> Sans que l'on puisse apercevoir comment,
> Ne sentez-vous que ce mien doux tourment
> Vous use en moi, et vos forces déçoit ?

(D. CXIV.)

C'est cependant la mort qui est au bout du compte — et au bout de ce dizain. Le poème va s'assombrissant, et le sentiment de la mort s'accentue :

> En moi saisons et âges finissants
> De jour en jour découvrent leur fallace.
>
> (D. CDVII.)

Même les débuts du recueil rendent parfois cette tonalité. L'intensité et les paradoxes de l'amour sont source d'angoisse et font souhaiter la mort :

> Ma face, angoisse à quiconque la voit,
> Eût à pitié émue la Scythie.
>
> (D. XLV.)

Un désir de mort, une haine de soi hantent le poète. Le refus d'amour est une blessure où le Moi se dévalorise ; le mal-aimé ne peut s'aimer lui-même :

> ... en me hayant de toute haine extrême,
> Comme me hait sa gracieuseté,
> Je me suis fait ennemi de moi-même...
>
> (D. CDI.)

La crise mélancolique (au sens dangereux de la pathologie) menace ce texte. Nous avons, sans exhaustivité, indiqué le réseau des emblèmes qui signalent énigmatiquement mort et suicide : les deux de la Licorne (I et XXVI), la Vipère (XXVII), le Basilisque (XXI), Narcissus (VII)... Plus généralement, on peut voir qu'aucun des emblèmes ne porte un sens positif ; on pourrait, au mieux, déceler deux ou trois emblèmes, d'esprit stoïcien, qui disent constance, fidélité, fermeté (emblèmes IX, XV, XVI...) ; encore la signification peut-elle en être détournée dans un sens dépressif. On peut faire une étrange expérience ; Scève a lui-même dressé à la fin de son volu-

me une table des emblèmes, « ordre des figures et emblè-mes » (p. 343) : ce qui autorise à en faire une lecture regroupée. Si l'on suit le fil de ces cinquante devises dans leur « ordre », on pourra lire une sorte de contre-texte, qui tendrait à détruire les tentatives de salut que propose le texte poétique.

C'est cependant à la diction poétique qu'il faut deman-der le « dictame », comme dit Scève, de cette grande bles-sure. Avec toute l'obstination de la répétition, déjà souli-gnée, le poète conserve, fixe, symbolise en représentations éblouies les durs éclats de cette conscience amoureuse. Jamais dans les dizains il ne dit explicitement que cette « haute entreprise » poursuivie est d'essence poétique ; l'épigramme dédicatoire cependant a fixé son dessein. La fin du recueil évoque une assomption secrète et glorieuse de ces amants exceptionnels. La « Vertu » de Délie échappera à la morsure du temps :

> Parquoi, vivant sous verdoyante écorce,
> S'égalera aux Siècles infinis.
>
> (D. CDVII.)

Lui, le Poète, « pour en Siècles durer », ne veut pas le monument d'un « Mausolée ou une pyramide » :

> Mais bien me soit, Dame, pour tombe humide,
> Si digne en suis, ton sein délicieux.
>
> (D. CDVIII.)

L'ultime emblème est un tombeau, et le dernier mot celui de « Létharge », oubli, exorcisé par la négation et par le symbole du Genévrier. Le poète sait qu'après sa mort, « sa guerre encor le suit », ou, comme dit le dizain :

> ... encore ci-dedans
> Je pleure et ars pour ton ingratitude.
>
> (D. CDXLVII.)

Quel autre tombeau délicieux, quel autre espace où voir encore briller Délie, où entendre encore résonner la plainte du poète, si ce n'est, au lieu du monument qu'il refuse, le monument des quatre cent cinquante épigrammes, le « tombeau » des amants au sens esthétique du mot « tombeau » ? Ici ce n'est plus seulement la dépression mélancolique qui a fait placer ce tombeau à la dernière page du livre : il est là comme un signal, presque une connivence ; c'est le tombeau poétique, l'hommage que les écrivains avaient déjà coutume d'offrir à ceux qu'ils avaient aimés, et que Scève offre à lui-même et « à sa Délie ». À sa Délie inexistante : l'image qui vit en lui, objet d'une longue idéalisation, « objet de plus haute vertu » ; à lui-même : transformation, déplacement de son ardeur inassouvie, qu'il investira dans la poésie ; jamais peut-être le mot « sublimation » n'aura un sens plus juste qu'ici.

FRANÇOISE CHARPENTIER

NOTRE TEXTE

Nous avons établi le texte sur la base des deux éditions publiées au XVIe siècle, en 1544 et 1564 (cette dernière posthume). Nous avons également recouru aux éditions critiques, très précieuses, notamment celle d'Eugène Parturie en 1916, et celle d'I.D. McFarlane en 1966.

Conformément aux principes de la collection, nous modernisons l'orthographe. Pris entre l'intention de faciliter la lecture et la volonté de respecter le plus possible la phonétique et la musicalité du texte, nos principes de transcription comportent une part irréductible d'arbitraire. En voici l'essentiel :

— Ponctuation : l'usage du XVIᵉ siècle est mal fixé et, en poésie, très éloigné du nôtre ; notre usage respecte essentiellement la logique de la phrase, celui du XVIᵉ siècle a une valeur affective et respiratoire. Étant donné la difficulté du texte de Scève, nous avons, avec regret, adopté la ponctuation moderne, en essayant de garder certaines ponctuations fortes, notamment les deux-points (:), aux sens riches et multiples.

— Variantes des éditions anciennes : l'édition de 1564 donne souvent une forme plus moderne aux mots (par exemple, « pouvoir » au lieu de « povoir »). Mais Scève, mort au moment de cette édition, ne peut y avoir participé ; et ses choix, qui ne sont pas unifiés, répondent probablement à des intentions de musicalité, et parfois d'archaïsme voulu. Nous les avons respectés dans la mesure où ils ne font pas obstacle à la lecture.

— Équivalences : nous restituons les formes du passé simple : « fis » pour « feis », « reçut » pour « receut ». Nous admettons l'équivalence de phonèmes voisins au XVIᵉ siècle, -eu-/-œu-/-ou-/-u- (« trouve » pour « treuve », « mûr » pour « meur », etc.). En revanche, nous avons gardé les variations graphiques entre -o- et -ou-, extrêmement fréquentes chez Scève (« pouvoir/povoir », « volonté/voulenté »), en respectant même l'apparent arbitraire de ses choix. Tout cela, bien entendu, uniquement quand la rime ne s'y oppose pas (nous maintenons par exemple la rime « meures/heures »).

Pour le glossaire, dont les appels sont signalés dans le texte par des astérisques,

— nous avons spécifié les emplois dont le sens différait de la langue moderne, et uniquement ceux-là (par exemple dans le cas difficile de « pour ») ;

— nous indiquons à chaque mot (sans exhaustivité) les principaux emplois dans le texte ; ce qui peut servir de base, par exemple, à une étude du lexique de Scève.

LES EMBLÈMES

Nous avons choisi de reproduire les emblèmes de 1564, qui n'ont pas encore été reproduits jusqu'ici, d'une gravure plus fine, et dont le format, réduit par les nécessités matérielles (volume en in-16 en 1564, in-8° en 1544), convient mieux au format de la présente édition*.

En 1544, les emblèmes sont cadrés par un filet dont la forme varie, et ils se succèdent, à trois exceptions près, dans l'ordre : rectangle, cercle, losange, ellipse, triangle isocèle base en bas, ovale. On ne peut proposer de symbolisme certain de ces formes. Ils sont placés dans des cartouches très développés, dont les modèles variés se reproduisent également. Le motto *est à l'intérieur du cadre autour de la gravure. En 1564 les emblèmes sont entièrement refaits. Ils gardent la composition générale des précédents, parfois avec quelques variantes dans le vêtement, dans l'orientation des figures, etc. ; l'image est placée sur un fond mieux rempli, avec des éléments de paysage ; le mouvement en est parfois moins vif et moins bien cadré ; le trait en est d'exécution plus fine et plus sèche. Plus adroit et meilleur technicien, le graveur de 1564 est peut-*

---

* Photos © Bibliothèque nationale, Paris.

être moins artiste que celui de 1544. Enfin, la devise est rejetée hors gravure, entre le cadre et l'entourage ; les cartouches disparaissent ; le cadre est un rectangle, entouré de quatre bandeaux gravés, de différents modèles qui se répètent.

NOTE POUR LA LECTURE

Pour la prosodie, quelques règles de lecture sont essentielles au rythme et à la mélodie du texte. Nous n'en rappellerons que deux :
— Consonne occlusive + -rier ou -lier se prononce, à la différence du français actuel, en une seule syllabe.
Exemple : « meur-trier » = deux syllabes.
— À l'intérieur comme à la fin d'un mot, le e muet après voyelle et devant consonne compte pour une syllabe. On lira donc :

> Par tes doux rais aigu-e-ment suivis,
> Ne me perds plus en vu-e coutumière.
>
> (D. XXIV.)

> Tu fais, cruel, ses pensé-es meurtrières...
>
> (D. XXV.)

Délie

Objet de plus haute vertu

À SA DÉLIE

Non de Vénus les ardents étincelles,
Et moins les traits desquels Cupido tire,
Mais bien les morts qu'en moi tu renovelles
Je t'ai voulu en cet Œuvre décrire.
  Je sais assez que tu y pourras lire
Mainte erreur, même en si durs Épigrammes :
Amour, pourtant, les me voyant écrire
En ta faveur, les passa par ses flammes.

SOUFFRIR NON SOUFFRIR

I

L'Œil trop ardent en mes jeunes erreurs
Girouettait, mal caut*, à l'impourvue :
Voici — ô peur d'agréables terreurs —
Mon Basilisque*, avec sa poignant' vue
Perçant Corps, Cœur et Raison dépourvue,
Vint pénétrer en l'Âme de mon Âme.
  Grand fut le coup, qui sans tranchante lame
Fait que, vivant le Corps, l'Esprit dévie,
Piteuse* hostie au conspect* de toi, Dame,
Constituée Idole de ma vie.

II

Le Naturant[1] par ses hautes Idées
Rendit de soi la Nature admirable.
Par les vertus de sa vertu guidées
S'évertua en œuvre émerveillable.
   Car de tout bien, voire* ès Dieux désirable,
Parfit un corps en sa perfection,
Mouvant aux Cieux telle admiration
Qu'au premier œil mon âme l'adora,
Comme de tous la délectation
Et de moi seul fatale Pandora[2].

III

Ton doux venin, grâce tienne, me fit
Idolâtrer en ta divine image,
Dont* l'œil crédule ignoramment méfit*
Pour non prévoir à mon futur dommage.
   Car t'immolant ce mien cœur pour hommage,
Sacrifia avec l'Âme la vie.
   Donques tu fus, ô liberté ravie,
Donnée en proie à toute ingratitude ;
Donques espère avec déçue envie
Aux bas Enfers trouver béatitude.

IV

Voulant tirer le haut ciel Empyrée[1]
De soi à soi grand' satisfaction,
Des neuf Cieux[1] a l'influence empirée
Pour clore en toi leur opération,
Où se parfit ta décoration* ;
Non toutefois sans licence des Grâces,
Qui en tes mœurs affigent* tant leurs faces
Que quand je viens à odorer les fleurs
De tous tes faits, certes, quoi que tu fasses,
Je me dissous en joies et en pleurs.

V

Ma Dame, ayant l'arc d'Amour en son poing,
Tirait à moi pour à soi m'attirer,
Mais je gagnai aux pieds, et de si loin
Qu'elle ne sut onques* droit me tirer.
   Dont me voyant sain et sauf retirer,
Sans avoir fait à mon corps quelque brèche,
« Tourne, dit-elle, à moi et te dépêche.
Fuis-tu mon arc, ou puissance qu'il aie ?
— Je ne fuis point, dis-je, l'arc ne* la flèche,
Mais l'œil qui fit à mon cœur si grand' plaie. »

La femme et la Licorne

« *Pour le voir je perds la vie[1].* »

VI

Libre vivais en l'Avril de mon âge,
De cure* exempt sous celle adolescence
Où l'œil, encor non expert de dommage,
Se vit surpris de la douce présence
Qui par sa haute et divine excellence
M'étonna l'Âme et le sens tellement
Que de ses yeux l'archer tout bellement
Ma liberté lui a toute asservie ;
Et dès ce jour continuellement
En sa beauté gît ma mort et ma vie.

VII

Celle beauté qui embellit le Monde,
Quand naquit celle en qui mourant je vis,
A imprimé en ma lumière ronde
Non seulement ses linéaments vifs,
Mais tellement tient mes esprits ravis,
En admirant sa mirable merveille,
Que, presque mort, sa Déité m'éveille
En la clarté de mes désirs funèbres,
Où plus m'allume et plus, dont m'émerveille,
Elle m'abime en profondes ténèbres.

VIII

Je me taisais si pitoyablement
Que ma Déesse ouït plaindre mon taire.
Amour piteux* vint amiablement
Remédier au commun notre affaire.
   « Veux-tu, dit-il, Dame, lui satisfaire ?
Gagne-le-toi d'un lacs* de tes cheveux.
— Puisqu'il te plaît, dit-elle, je le veux.
Mais qui pourrait ta requête écondire* ?
Plus font amants pour toi, que toi pour eux,
Moins réciproque à leur craintif dédire. »

56

IX

Non de Paphos, délices de Cypris,
Non d'Hémonie¹ en son ciel tempérée,
Mais de la main trop plus digne fus pris,
Par qui me fut liberté espérée.
  Jà hors d'espoir, de vie exaspérée²
Je nourrissais mes pensées hautaines,
Quand j'aperçus entre les Marjolaines
Rougir l'Œillet : « Or, dis-je, suis-je seur
De voir en toi par ces preuves certaines
Beauté logée en amère douceur. »

X

Suave odeur ! Mais le goût trop amer
Trouble la paix de ma douce pensée ;
Tant peut de soi le délicat aimer,
Que raison est par la crainte offensée.
  Et toutefois voyant l'Âme incensée*
Se rompre toute, où gît l'affection,
Lors au péril de ma perdition
J'ai éprouvé que la peur me condamne.
  Car grand' beauté en grand' perfection
M'a fait goûter Aloès être Manne.

XI

De l'Océan l'Adultère obstiné
N'eut point tourné vers l'Orient sa face,
Que sur Clytie Adonis jà cliné*
Perdit le plus de sa naïve grâce.
    Quoi que du temps tout grand outrage fasse,
Les sèches fleurs en leur odeur vivront :
Preuve, pour ceux qui le bien poursuivront,
De non mourir, mais de revivre encore.
    Tes vertus donc, qui ton corps ne suivront,
Dès l'Indien s'étendront jusqu'au More.

XII

Ce lien d'or, rais de toi, mon Soleil,
Qui par le bras t'asservit Âme et vie,
Détient si fort avec la vue l'œil
Que ma pensée il t'a toute ravie,
Me démontrant, certes, qu'il me convie
À me stiller* tout sous ton habitude.
    Heureux service en libre servitude,
Tu m'apprends donc être trop plus de gloire
Souffrir pour une en sa mansuétude,
Que d'avoir eu de toute autre victoire.

XIII

L'œil, autrefois ma joyeuse lumière,
En ta beauté fut tellement déçu*,
Que, de fontaine étendu en rivière,
Veut réparer le mal par lui conçu.
   Car telle ardeur le cœur en a reçu,
Que le corps vif est jà réduit en cendre,
Dont* l'œil piteux* fait ses ruisseaux descendre
Pour la garder d'être du vent ravie, *enraptured.*
Afin que moite aux os se puisse prendre,
Pour sembler corps ou ombre de sa vie.

XIV

Elle me tient par ces cheveux lié,
Et je la tiens par ceux-là mêmes prise.
Amour subtil au nœud s'est allié
Pour se dévaincre une si ferme prise,
Combien qu'ailleurs tendît son entreprise
Que de vouloir deux d'un feu tourmenter.
   Car — et vrai est — pour expérimenter
Dedans la fosse a mis et Loup et Chièvre,
Sans se povoir l'un l'autre contenter,
Sinon répondre à mutuelle fièvre.

La Lune à deux croissants

« Entre toutes une parfaite. »

XV

Toi seule as fait que ce vil Siècle avare
Et aveuglé de tout sain jugement,
Contre l'utile ardemment se prépare
Pour l'ébranler à meilleur changement ;
Et plus ne hait l'honnête étrangement*,
Commençant jà à chérir la vertu.
   Aussi par toi ce grand Monstre abattu[1],
Qui l'Univers de son odeur infecte,
T'adorera, sous tes pieds combattu,
Comme qui es entre toutes parfaite.

Je préférais à tous Dieux ma Maîtresse,
Ainsi qu'Amour le m'avait commandé ;
Mais la Mort fière en eut telle tristesse,
Que contre moi son dard a débandé.
Et quand je l'ai au besoin demandé,
Le m'a nié, comme pernicieuse.
   Pourquoi sur moi, ô trop officieuse,
Perds-tu ainsi ton pouvoir furieux ?
Vu qu'en mes morts Délie ingénieuse
Du premier jour m'occit de ses beaux yeux.

XVII[1]

Plutôt seront Rhône et Saône déjoints
Que d'avec toi mon cœur se désassemble ;
Plutôt seront l'un et l'autre Monts[2] joints,
Qu'avecques nous aucun discord s'assemble ;
Plutôt verrons et toi et moi ensemble
Le Rhône aller contremont lentement,
Saône monter très violentement,
Que ce mien feu, tant soit peu, diminue,
Ni que ma foi décroisse aucunement.
Car ferme amour sans eux est plus que nue.

XVIII

Qui se délecte à bien narrer histoires,
Perpétuant des hauts Princes les gestes,
Qui se triomphe en superbes victoires
Ou s'enaigrit aux Satires molestes,
Qui chante aussi ses amours manifestes,
Ou se complaît à plaisamment décrire
Farces et Jeux émouvant gens à rire.

    Mais moi, je n'ai d'écrire autre souci
Fors que de toi, et si ne sais que dire,
Sinon crier merci, merci, merci.

XIX

Moins ne pourrait et la foi et l'hommage,
Que nous lier à son obéissance,
Si contre tort et tout public dommage
Nous ne vouions le cœur et la puissance.

    Donc au Vassal[1] fut grand' méconnaissance,
Quand plus que soi feignant sa France aimer,
Osa en vain et sans honte s'armer.

    Mais celle part, comme on dit, la greigneur[2],
Déçut celui qui, pour trop s'estimer,
Vint contre soi, son pays, son Seigneur.

Peuvent les Dieux ouïr Amants jurer,
Et rire après leur promesse mentie ?
Autant serait droit et faux parjurer,
Qu'ériger loi pour être anéantie.
Mais la Nature en son vrai convertie
Tous paches* saints oblige à révérence.
   Vois ce Bourbon qui, délaissant Florence,
À Rome alla, à Rome désolée,
Pour y purger honteusement l'offense[1]
De sa Patrie et sa foi violée.

Le Cerf volant[1] aux abois de l'Autruche
Hors de son gîte éperdu s'envola ;
Sur le plus haut de l'Europe il se juche,
Cuidant* trouver sûrté et repos là,
Lieu sacre et saint, lequel il viola
Par main à tous profanement notoire.
   Aussi par mort précédant la victoire
Lui fut son nom insignement playé*,
Comme au besoin pour son los* méritoire
De foi semblable à la sienne payé.

Comme Hecaté tu me feras errer
Et vif et mort cent ans parmi les Ombres ;
Comme Diane au Ciel me resserrer,
D'où descendis en ces mortels encombres ;
Comme régnante aux infernales ombres
Amoindriras ou accroîtras mes peines.
    Mais comme Lune infuse dans mes veines
Celle tu fus, es et seras DÉLIE,
Qu'Amour a jointe à mes pensées vaines
Si fort que Mort jamais ne l'en délie.

XXIII

Seule raison, de la Nature loi,
T'a de chacun l'affection acquise.
Car ta vertu, de trop meilleur aloi
Qu'Or monnayé ni autre chose exquise,
Te veut du Ciel — ô tard — être requise,
Tant approchante est des Dieux ta coutume.
    Donques en vain travaillerait ma plume
Pour t'entailler* à perpétuité ;
Mais ton saint feu, qui à tout bien m'allume,
Resplendira à la postérité.

La Lampe et l'Idole

« Pour t'adorer je vis. »

XXIV

Quand l'œil aux champs est d'éclairs ébloui,
Lui semble nuit quelque part qu'il regarde,
Puis peu à peu de clarté réjoui,
Des soudains feux du Ciel se contregarde.
  Mais moi, conduit dessous la sauvegarde
De cette tienne et unique lumière
Qui m'offusqua ma liesse première
Par tes doux rais aiguement suivis,
Ne me perds plus en vue coutumière.
Car seulement pour t'adorer je vis.

XXV

Tu[1] fais, cruel, ses pensées meurtrières
Du bien dont suis, longtemps a, poursuivant,
Tu la rends sourde à mes chastes prières,
Tant que mon mal est à moi survivant.
Tu fais soudain et défais, moi vivant,
Ce que le temps à grand' peine extermine.
   Fais donc, Amour, que peu d'heure termine
Si long languir par révolus moments,
Ou je dirai que ton arc examine
Néronnerie[2] en mes si griefs tourments.

XXVI

Je vois en moi être ce Mont Forvière,
En mainte part pincé de mes pinceaux.
À son pied court l'une et l'autre Rivière,
Et jusqu'aux miens descendent deux ruisseaux.
   Il est semé de marbre à maints monceaux,
Moi de glaçons ; lui auprès du Soleil
Se rend plus froid, et moi près de ton œil
Je me congèle, où* loin d'ardeur je fume.
Seule une nuit[1] fut son feu nonpareil ;
Las ! toujours j'ars* et point ne me consume.

66

XXVII

Voyant soudain rougir la blanche neige
Au rencontrer chose qui lui meut honte,
Vaine raison mes sens troublés surmonte,
Et jà la fin de mes désirs me pleige★.

    En cet espoir, très mal assuré pleige★,
Je crois pitié sous honteuse douceur.
Parquoi en moi, comme de mon bien seur,
Je fais pleuvoir joies à si grand' somme,
Qu'en fin me tire au fond de sa grosseur
Un doux obli de moi qui me consomme.

XXVIII

Ai-je pu voir le vermeil de la honte
Ardoir★ la face à son honnêteté ?
Et croire encor que la pitié lui monte
Sur le plus cher de sa grand' chasteté ?

    Meilleur, ô Cœur, m'est d'avoir chaste été
En si pudique et haut contentement,
Et abhorrer pour vil contemnement
Le bien qu'Amour (Amour lascif) conseille.

    Car je jouis du saint advènement
De ce grand Pape[1] abouchant★ à Marseille.

Dessus le Cœur voulait seul maîtriser
L'aveugle Archer qui des dieux est le maître ;
La Parque aussi le veut seigneuriser,
Qui des humains se dit seule dame être.
    Mais sur ce point qu'on le met en séquestre,
Ma Dame à coup s'en saisit par cautelle.
« Tu ne déçois*, dit-il[1], ces deux-ci, Belle,
Mais moi, car mort m'eût fait paix recevoir,
Amour victoire, et sous ta main cruelle
Ne puis merci, tant soit petite, avoir. »

XXX

Des yeux auxquels s'enniche le Soleil,
Quand sus le soir du jour il se départ,
Délâché fut le doux trait nonpareil
Me pénétrant jusques en celle part
Où l'Âme atteinte or*' à deux il mépart*,
Laissant le cœur le moins intéressé,
Et toutefois tellement oppressé
Que du remède il ne s'ose enquérir.
    Car, se sentant quasi Serpent blessé,
Rien ne le peut, non Dorion[1], guérir.

Les tristes Sœurs[1] plaignaient l'antique offense,
Quand au plus doux serein de notre vie
Dédain s'émut pour honnête défense
Contre l'ardeur de notre chaste envie ;
Et l'espérance en long temps poursuivie
Ne nous put lors, tant soit peu, alléger.
   O vaine foi, ô croire trop léger[2],
Qui vous reçoit se fait son mortel hoste*,
Pour* non povoir ce malheur abréger
Qui le doux bien de liberté nous ôte.

XXXII

Soit que l'erreur me rende autant suspect
Que le péché de soi me justifie,
Ne devais-tu au Temps avoir respect,
Qui toujours vit, et qui tout vérifie ?
   Mais l'imposture où ton croire se fie
A fait l'offense, et toi et moi irrite.
   Parquoi, ainsi qu'à chacun son mérite
Requiert égal et semblable guerdon,
Méritera mon léger démérite
D'être puni d'un plus léger pardon.

69

L'Homme et le Bœuf

« Plus l'attire, plus m'entraîne[1]. »

XXXIII

Tant est Nature en volenté puissante
Et volenteuse en son faible pouvoir,
Que bien souvent à son vueil⋆ blandissante⋆,
Se voit par soi grandement décevoir.
    À mon instinct je laisse concevoir
Un doux souhait qui, non encor bien né,
Est de plaisirs nourri et gouverné,
Se paissant puis⋆ de chose plus hautaine.
    Lors étant crû en désir effréné,
Plus je l'attire et plus à soi m'entraîne.

XXXIV[1]

Je ne l'ai vue encor, ni toi connue,
L'erreur qui tant de coulpe m'imposa,
Sinon que foi en sa pureté nue
Causât le mal à quoi se disposa
Ton léger croire, et tant y reposa
Que ton cœur froid s'y mit totalement ;
Dont j'ai en moi conclu finablement
De composer à toute repentance,
Puisque ma vie on veut cruellement
Pour autrui faute[2] offrir à pénitence.

XXXV

Jà deux Croissants la Lune m'a montré ;
Autant de fois pleine nous est décrue,
Et deux Soleils, qui m'ont ci rencontré,
Autant de toi m'ont la mémoire crue
Que m'est la force en l'attente recrue
Pour le long temps qui tant nous désassemble
Que vie et moi ne pouvons être ensemble.
   Car le mourir en cette longue absence
— Non toutefois sans vivre en toi — me semble
Service égal au souffrir en présence.

Le Forgeron[1] vilainement erra,
Combien qu'il sût telle être sa coutume,
Quand à l'Archer l'autre trait d'or[2] ferra,
Par qui les cœurs des Amants il allume.
   Car épargnant, possible, son enclume,
Il nous soumit à estimable prix
Pour mieux attraire*, et les attraits surpris
Constituer en serve obéissance.
   Mais par ce trait attrayant* Amour pris
Fut asservi sous l'avare puissance.

XXXVII

Bien peindre sut qui fit Amour aveugle,
Enfant, Archer, pâle, maigre, volage :
Car en tirant ses Amants il aveugle,
Amollissant, comme enfants, leur courage* ;
Pâles par cure* et maigres par grand' rage,
Plus inconstants que l'Automne ou Printemps.
   Aussi, ô Dieu, en nos cœurs tu étends
L'Amour par l'Or plaisant, chaud, attractif[1],
Et par le Plomb tu nous rends mal contents,
Comme[2] mol, froid, pesant et rétractif.

XXXVIII

Bien fut la main à son péril experte,
Qui sur le dos deux ailes lui peignit.
   Car lors j'eus d'elle évidente la perte,
Quand moins cuidais* qu'à m'aimer me feignit.
Et néanmoins ma foi me contraignit
À me fier en son erreur patente.
   Ô combien peut cette vertu latente
De croire et voir le rebours clairement,
Tant que pour vivre en si douteuse attente
Je me déçois* trop voulontairement.

XXXIX

Par maint orage ai secouru fortune
Pour afferrer* ce Port tant désiré ;
Et tant me fut l'heur et l'heure importune
Qu'à peine j'ai jusques ci respiré.
   Parquoi voyant que mon bien aspiré
Me menaçait et ruine et naufrage,
Je fis carène, attendant à l'ombrage
Que voile fit mon aveugle Nocher[1], l'Amour
Qui depuis vint surgir en telle plage
Qu'il me perdit, lui sauf, en ton rocher.

Quiconque fut ce Dieu qui m'enseigna
Celle raison qui d'elle me révoque,
D'un trop grand bien, certes, il me daigna* :
Pource qu'à mieux ma voulenté provoque.
   Aussi, ô Dieux, par effet réciproque
Je n'eusse su à ce bord arriver,
Sans la vouloir totalement priver
De ce qu'à moi elle fait grand' cherté*[1],
   Car loi d'Amour est de l'un captiver,
L'autre donner d'heureuse liberté.

XLI

Le voir, l'ouïr, le parler, le toucher[1]
Finaient* le but de mon contentement,
Tant que le bien qu'Amants ont sur tout cher
N'eut onques* lieu en notre accointement.
   Que m'a valu d'aimer honnêtement
En sainte amour chastement éperdu ?
Puisque m'en est le mal pour bien rendu,
Et qu'on me peut pour vice reprocher
Qu'en bien aimant j'ai promptement perdu
La voir, l'ouïr, lui parler, la toucher.

La Lanterne

« Celer ne le puis. »

XLII

Si doucement le venin de tes yeux
Par même lieu aux fonds du cœur entra,
Que sans douleur le désir soucieux
De liberté tout seul il rencontra.
Mais l'occupant, peu à peu, pénétra
Où l'Âme libre en grand' sûrté vivoit :
   Alors le sang, qui d'elle charge avoit,
Les membres laisse et fuit au profond Puits[1],
Voulant cacher le feu que chacun voit,
Lequel je couvre, et celer ne le puis.

Moins je la vois, certes plus je la hais ;
Plus je la hais, et moins elle me fâche.
Plus je l'estime, et moins compte j'en fais ;
Plus je la fuis, plus veux qu'elle me sache[1].
　　En un moment deux divers traits me lâche,
Amour et haine, ennui avec plaisir.
　　Forte est l'amour qui lors me vient saisir
Quand haine vient et vengeance me crie ;
Ainsi me fait haïr mon vain désir
Celle pour qui mon cœur toujours me prie.

XLIV

Si le soir perd toutes plaisantes fleurs,
Le temps aussi toute chose mortelle,
Pourquoi veut-on me mettre en plaints* et pleurs,
Disant qu'elle est encor moins qu'immortelle ?
　　Qui la pensée et l'œil mettrait sus elle,
Soit qu'il fût pris d'amoureuse liesse,
Soit qu'il languît d'aveuglée tristesse,
Bien la dirait descendue des Cieux,
Tant s'en faillant qu'il ne la dît Déesse,
S'il la voyait de l'un de mes deux yeux.

Ma face, angoisse à quiconque la voit,
Eût à pitié émue la Scythie,
Où* la tendresse en soi que celle avait
S'est sous le froid de durté amortie.
    Quelle du mal sera donc la sortie,
Si ainsi faible est d'elle l'assurance ?
Avec le front serénant* l'espérance
J'assure l'Âme et le Cœur obligés,
Me promettant, au moins, pour délivrance
La Mort, seul bien des tristes affligés.

XLVI

Si le désir, image de la chose
Que plus on aime, est du cœur le miroir,
Qui toujours fait par mémoire apparoir*
Celle où l'esprit de ma vie repose,
À quelle fin mon vain vouloir propose
De m'éloigner de ce qui plus me suit ?
    Plus fuit le Cerf[1], et plus on le poursuit
Pour mieux le rendre aux rets de servitude ;
Plus je m'absente, et plus le mal s'ensuit
De ce doux bien, Dieu de l'amaritude*.

M'eût-elle dit, au moins pour sa défaite :
« Je crains, non toi, mais ton affection »,
J'eusse cru lors être bien satisfaite
La mienne en elle honnête intention.
   Mais émouvoir si grand' dissention
Pour moins que rien, ne peut être que faute :
Faute, je dis, d'avoir été mal caute*
À recevoir du bien fruition*,
Qui nous eût fait aller la tête haute,
Trop plus hautains que n'est l'Ambition.

XLVIII

Si onc* la Mort fut très doucement chère,
À l'Âme douce ores* chèrement plaît ;
Et si la vie eut onc* joyeuse chère,
Toute contente en ce corps se complaît.
   À l'un agrée et à l'autre déplaît
L'être apparent de ma vaine fumée,
Qui, tôt éteinte et soudain rallumée,
Tient l'espérance en lubrique* séjour.
   Dont*, comme au feu le Phénix, emplumée
Meurt et renaît en moi cent fois le jour.

XLIX

Tant je l'aimai qu'en elle encor je vis,
Et tant la vis que, maugré moi, je l'aime.
Le sens★ et l'âme y furent tant ravis
Que par l'Œil faut¹ que le cœur la désaime.
   Est-il possible en ce degré suprême
Que fermeté son outrepas★ révoque ?
   Tant fut la flamme en nous deux réciproque
Que mon feu luit quand le sien clair m'appert★ ;
Mourant le sien, le mien tôt se suffoque,
Et ainsi elle en se perdant me perd.

L

Persévérant en l'obstination
D'un qui se veut recouvrer en sa perte,
Je suis toujours la déclination
De ma ruine évidemment apperte★.
   Car en sa foi, de moi par trop experte,
Je me promets le haut bien de mon mieux.
Elle s'en rit, attestant les hauts Dieux ;
Je vois la feinte, et si★ ne sais qu'y faire
Fors★ que, faisant déluger mes deux yeux,
Je mâche Absince★ en mon piteux affaire.

La Chandelle et le Soleil

« À tous clarté, à moi ténèbres. »

Si grand' beauté, mais bien si grand' merveille,
Qui à Phébus offusque sa clarté,
Soit que je sois présent ou écarté,
De sorte l'âme en sa lueur m'éveille
Qu'il m'est avis en dormant que je veille,
Et qu'en son jour un espoir je prévois
Qui de bien bref, sans délai ou renvoi,
M'éclaircira mes pensées funèbres.
   Mais quand sa face en son Midi je vois,
À tous clarté et à moi rend ténèbres.

Le fer se laisse et fourbir et brunir[1]
Pour se gagner avec son lustre gloire,
Où* mon travail* ne me fait qu'embrunir,
Ma foi passant en sa blancheur l'ivoire.
    Je contendrais* par dessus la victoire,
Mais hasardant hasard en mes malheurs,
Las ! je me fais dépouille en mes douleurs
Qui, me perdant, au perdre me demeurent,
Me demeurant seulement les couleurs
De mes plaisirs qui, me naissant, me meurent.

LIII[1]

L'Architecteur de la Machine ronde,
Multipliant sa divine puissance,
Pour enrichir la pauvreté du Monde
Créa FRANÇOIS d'admirable prestance,
Duquel voulant démontrer la constance,
Vertu occulte, il l'a soudain soumis
Aux faibles mains de ses fiers ennemis,
Chose sans lui vraiement impossible.
    Puis, l'acceptant de ses prouvés amis,
L'a remis sus en sa force invincible.

LIV

Glorieux nom, glorieuse entreprise
En cœur Royal, haut siège de l'honneur,
Lui fit combattre en si dure surprise
L'hoir[1] de Jason, guidé par le bonheur.
De palme aussi le juste Coronneur
L'en a orné, durant qu'il a vécu.
   Car se faisant de sa Patrie écu,
Fit confesser à sa Fame* importune
Que celui n'est, ni peut être vaincu,
Qui combat seul Ennemi et Fortune.

LV

L'Aigle[1] volant plus loin qu'onques* ne fit,
Cuidait* rentrer en son Empire antique ;
Passa la Mer, où assez tôt défit
Un nouveau Monstre en ce pays d'Afrique[2] ;
Puis prit son vol droit au Soleil Gallique
Duquel l'ardeur ne vive ne mourante,
Mais en son chaud modéré demourante
Et s'attrempant, peu à peu lentement
La transmua en une Autruche[1] errante,
Qui vole bas et fuit légèrement.

LVI

Le Corps travaille à forces énervées,
Se résolvant l'Esprit en autre vie.
Le Sens* troublé voit choses controvées
Par la mémoire en phantasmes ravie.
Et la Raison étant d'eux asservie
— Non autrement de son propre délivre* —
Me détenant sans mourir et sans vivre,
En toi des quatre a mis leur guérison.
   Donques à tort ne t'ont voulu poursuivre
Le Corps, l'Esprit, le Sens et la Raison.

LVII[1]

Comme celui qui, jouant à la Mouche,
Étend la main, après le coup reçu,
Je cours à moi, quand mon erreur me touche,
Me connaissant par moi-même déçu*.
   Car lorsque j'ai clairement aperçu
Que de ma foi pleinement elle abuse,
« Cette me soit, dis-je, dernière excuse ;
Plus je ne veux d'elle aucun bien chercher. »
L'ai-je juré ? soudain je m'en accuse,
Et maugré moi il me faut chevêcher*.

83

LVIII

Quand j'aperçus au serein de ses yeux
L'air éclairci de si longue tempête,
Jà tout empeint au proufit de mon mieux,
Comme un vainqueur d'honorable conquête,
Je commençai à élever la tête :
Et lors le Lac de mes nouvelles joies
Restagna* tout, voire dehors ses voies
Assez plus loin qu'onques* ne fit jadis.
Dont mes pensers, guidés par leurs Montjoies*,
Se paonnaient* tous en leur haut Paradis.

LIX

Taire ou parler soit permis à chacun
Qui libre arbitre à sa voulenté lie.
Mais s'il advient qu'entre plusieurs quelqu'un
Te die[1] : « Dame, ou ton Amant s'oblie,
Ou de la Lune il feint ce nom Délie
Pour te montrer comme elle être muable »,
Soit loin de toi tel nom vitupérable*
Et vienne à qui un tel mal nous procure.
    Car je te cèle en ce surnom louable
Pource qu'en moi tu luis la nuit obscure.

Narcissus

« Assez meurt qui en vain aime. »

LX

Si c'est Amour, pourquoi m'occit-il donques,
Qui tant aimai et onc★ ne sus haïr ?
Je ne m'en puis non assez ébahir,
Et mêmement que ne l'offensai onques★,
Mais souffre encor, sans complaintes quelconques,
Qu'il me consume, ainsi qu'au feu la Cire.
Et me tuant, à vivre il me désire[1],
Afin qu'aimant autrui, je me désaime.
   Qu'est-il besoin de plus outre m'occire,
Vu qu'assez meurt qui trop vainement aime ?

Plus librement, certes, j'accuserais
Le tien vers moi et froid et lent courage★,
Si le devoir duquel j'abuserais
Ne te fût honte et à moi grand' outrage.
    Car la ferveur d'une si douce rage
Suspend toujours l'incertain d'amitié,
Qui fait souvent que vraie inimitié
Se doute★ aussi sous prouvée union.
    Mais, si tu veux, par ta froide pitié
Tu décevras la mienne opinion.

LXII

Non celle ardeur du Procyon[1] céleste
Nous fait sentir de Phaéton l'erreur,
Mais cet aspect de la Vierge modeste
Phébus enflamme en si ardente horreur
Qu'aux bas mortels vient la froide terreur,
Qui de la peur de leur fin les offense.
    Vois : seulement la mémoire en l'absence
De toi m'échauffe et ard★ si vivement
Qu'en toi me fait ta divine présence
Prouver toujours l'extrême jugement[2].

86

LXIII

L'Été bouillait, et ma Dame avait chaud ;
Parquoi Amour vitement se débande,
Et du bandeau l'éventant bas et haut,
De ses beaux yeux excite flamme grande,
Laquelle au voile et puis de bande en bande
Saute aux cheveux, dont l'Enfant ardent fume.
   « Comment, dit-il, est-ce donc ta coutume
De mal pour bien à tes serviteurs rendre ?
— Mais c'est ton feu, dit-elle, qui allume
Mon chaste cœur où il ne se peut prendre. »

LXIV

Des Monts hautains descendent les ruisseaux,
Fuyant au fond des ombreuses vallées.
Des champs ouverts et bêtes et oiseaux
Aux bois serrés détournent leurs allées*.
Les vents, bruyant[1] sur les ondes salées,
Sous creux rochers apaisés se retirent.
   Las ! de mes yeux les grands rivières tirent[2]
En lieux à tous fors à elle évidents.
Et mes soupirs incessamment respirent,
Toujours en Terre et au Ciel résidant.

Continuant toi, le bien de mon mal,
À t'exercer comme mal de mon bien,
J'ai observé, pour voir ou bien ou mal,
Si mon service en toi militait bien.
Mais bien connus appertement* combien
Mal j'adorais tes premières faveurs.
   Car savourant le jus de tes saveurs,
Plus doux assez que Sucre de Madère,
Je crus et crois encor tes deffameurs*,
Tant me tient sien l'espoir qui trop m'adhère.

LXVI

Très-observant d'éternelle amitié,
Je me laissais aux étoiles conduire,
Quand, admirant seulement à moitié
Celle vertu qui tant la fait reluire,
Soudain doutai* qu'elle me pourrait nuire,
Pour* être à tous si grand contentement.
   Dont froide peur, surprenant lentement
Et Corps et Cœur, a jà l'Âme conquise :
Tant griève perte est perdre promptement
Chose par temps et par labeur acquise.

LXVII

Amours, des siens trop durement piteux*,
Cacha son arc, abandonnant la Terre.
Délie voit le cas si dépiteux
Qu'avec Vénus le cherche et le déterre.
  « Garde, lui dit Cypris, qu'il ne t'enferre,
Comme autrefois mon cœur l'a bien prouvé.
  — Je ne crains point si petit arc trouvé »,
Répond ma Dame hautaine devenue,
« Car contre moi l'Archer s'est éprouvé,
Mais tout armé l'ai vaincu toute nue. »

LXVIII

Comme l'on voit sur les froides pensées
Maints accidents maintes fois advenir,
Ainsi voit-on voulentés insensées
Par la mémoire à leur mal revenir.
  À tout moment de toi le souvenir
Ores la doute, ores la foi me baille,
Renovelant en moi celle bataille
Qui jusqu'en l'Âme en suspens me demeure.
  Aussi vaut mieux qu'en doutant je travaille,
Qu'étant certain, cruellement je meure.

La Femme qui dévide

« Après long travail une fin. »

LXIX

Par le penser, qui forme les raisons,
Comme la langue à la voix les mots dicte,
J'ai consommé* maintes belles saisons
En cette vie heureusement maudite[1]
Pour recouvrer celle à moi interdite
Par ce Tyran, qui fait sa résidence
Là où ne peut ne* sens ne* providence,
Tant est partout cauteleusement fin.
   Ce néanmoins, maugré la repentance,
J'espère, après long travail, une fin.

LXX

Décrépité en vieilles espérances,
Mon âme, las ! se défie de soi.
Ô Dieux, ô Cieux, oyez mes douléances,
Non de ce mal que pour elle reçois,
Mais du malheur qui, comme j'aperçois,
Est conjuré* par vous en ma ruine.
  Vissé-je au moins éclaircir ma bruine
Pour un clair jour en désirs prospérer !
  Las ! abreuvé de si forte Aluine*,
Mon espérance est à non espérer.

LXXI

Si en ton lieu j'étais, ô douce Mort,
Tu ne serais de ta faux dessaisie.
— Ô fol, l'esprit de ta vie est jà mort.
— Comment ? je vois. — Ta force elle a saisie.
— Je parle au moins. — Ce n'est que frénésie.
— Vivrai-je donc toujours ? — Non, l'on termine
Ailleurs ta fin. — Et où ? — Plus n'examine.
Car tu vivras sans Cœur, sans Corps, sans Âme,
En cette mort plus que vie bénigne,
Puisque tel est le vouloir de ta Dame.

Quiconque a vu la superbe Machine[1],
Miracle seul de sa seule beauté,
Vit le Modèle à ma triste ruine,
Jà tempêté par si grand' cruauté
Que pièce entière — hors mise loyauté —
Ne me resta, non ce peu d'espérance,
Qui, me froissant et foi et assurance,
Me fit relique à ma perdition.
    Donc, pour★ aimer encor telle souffrance,
Je me désaime en ma condition.

LXXIII

Fuyant les Monts[1], tant soit peu, notre vue,
Leur vert se change en couleur azurée,
Qui plus lointaine est de nous blanche vue,
Par prospective★ au distant mesurée.
    L'affection en moi démesurée
Te semble à voir une teinte verdeur
Qui, loin de toi, éteint en moi l'ardeur
Dont, près, je suis jusqu'à la mort passible.
    Mais tu sais mieux, qui peux par ta grandeur
Faciliter mêmement l'impossible.

LXXIV

Dans son jardin Vénus se reposait
Avec Amour, sa tendre nourriture*,
Lequel je vis, lorsqu'il se déduisait*,
Et l'aperçus semblable à ma figure.
  Car il était de très basse stature,
Moi très-petit ; lui pâle, moi transi.
Puisque pareils nous sommes donc ainsi,
Pourquoi ne suis second Dieu d'amitié ?
  Las ! Je n'ai pas l'arc ne* les traits aussi
Pour émouvoir ma Maîtresse à pitié.

LXXV

Pour* me dépendre* en si heureux service,
Je m'épargnai l'être semblable aux Dieux.
Me pourra donc être imputé à vice,
Constituant en elle mes hauts Cieux ?
  Fais seulement, Dame, que de tes yeux
Me soient toujours toutes nuisances lentes.
Lors vous, Nuisants, Dieux des ombres silentes*,
(Me préservant elle d'adversité)
Ne m'ôterez par forces violentes
Non un Iota de ma félicité.

93

Je le voulus, et ne l'osai vouloir,
Pour non la fin à mon doux mal prescrire.
Et, qui me fit et fait encor douloir*,
J'ouvris la bouche, et sur le point du dire
« Mer... », un serein de son naïf sourire
M'entreclouit* le poursuivre du « ... ci[1] ».
   Dont* du désir le curieux souci
De mon haut bien l'Âme jalouse enflamme,
Qui tôt me fait mourir et vivre aussi,
Comme s'éteint et s'avive ma flamme.

LXXVII

Au Caucasus de mon souffrir lié
Dedans l'Enfer de ma peine éternelle,
Ce grand désir de mon bien oblié,
Comme l'Autour de ma mort immortelle,
Ronge l'esprit par une fureur telle
Que, consommé* d'un si ardent poursuivre,
Espoir le fait, non pour mon bien, revivre,
Mais pour au mal renaître incessamment,
Afin qu'en moi ce mien malheureux vivre
Prometheus tourmente innocemment[1].

La Targue★

« Ma fermeté me nuit. »

LXXVIII

Je me complais en si douce bataille
Qui sans résoudre en suspens m'entretient.
Si l'un me point★ d'un côté, l'autre taille
Tout rez à rez★ de ce qui me soutient.
   L'un de sa part très-obstiné maintient
Que l'espoir n'est sinon un vain ombrage ;
Et l'autre dit désir être une rage
Qui nous conduit sous aveuglée nuit.
   Mais de si grand et périlleux naufrage
Ma fermeté retient ce qui me nuit.

LXXIX

L'Aube éteignait Étoiles à foison,
Tirant le jour des régions infimes*,
Quand Apollo montant sur l'Horizon
Des monts cornus dorait les hautes cimes.
Lors du profond des ténébreux Abîmes,
Où mon penser par ses fâcheux ennuis
Me fait souvent percer les longues nuits,
Je révoquai à moi l'âme ravie,
Qui, desséchant mes larmoyants conduits,
Me fit clair voir le Soleil de ma vie.

LXXX

Au recevoir l'aigu de tes éclairs
Tu m'offusquas et sens et connaissance.
Car par leurs rais si soudains et si clairs
J'eus premier peur, et puis réjouissance :
Peur de tomber sous griève obéissance,
Joie de voir si haut bien allumer.
  Osas-tu donc de toi tant présumer,
Œil ébloui, de non voir, et de croire
Qu'en me voulant à elle accoutumer,
Facilement j'obtiendrais la victoire ?

Ne t'ébahis, Dame, si celle foudre
Ne me fusa* soudainement le corps.
   Car elle m'eût bientôt réduit en poudre,
Si ce ne fût qu'en me tâtant alors,
Elle aperçut ma vie être dehors,
Heureuse en toi ; d'ailleurs, elle n'offense
Que le dedans, sans en faire apparence,
Ce que de toi elle a, certes, appris.
   Car je sais bien, et par expérience,
Que sans m'ouvrir tu m'as ce mien cœur pris.

LXXXII

L'ardent désir du haut bien désiré,
Qui aspirait à celle fin heureuse,
A de l'ardeur si grand feu attiré,
Que le corps vif est jà poussière ombreuse ;
Et de ma vie, en ce point malheureuse,
Pour vouloir toute à son bien condescendre,
Et de mon être, ainsi réduit en cendre,
Ne m'est resté que ces deux signes-ci :
   L'œil larmoyant pour piteuse* te rendre,
La bouche ouverte à demander merci.

LXXXIII

Vulcan jaloux reprochait à sa femme
Que son enfant causait son vitupère*.
Vénus, cuidant* couvrir si grand diffame*,
Battait son fils pour complaire à son père.
    Mais lors Amour plorant lui impropère*
Maint cas, dont fut le Forgeron honteux ;
Et de vengeance étant trop convoiteux,
« Pourquoi, dit-il, m'as-tu bandé la face ?
Sinon afin qu'en dépit du Boiteux
Aucunefois*, non voyant, te frappasse[1] ? »

LXXXIV

Ou le contraire est certes vérité,
Ou le rapport de plusieurs est mensonge,
Qui m'a le moins que j'ai pu irrité,
Sachant que tout se résoudrait en songe,
Bien que la doute aucunefois* se plonge
Sur le scrupule où ta bonté demeure.
    Vrai est qu'alors, tout soudain, et sur l'heure
Je ris en moi ces fictions frivoles,
Comme celui qui pleinement s'asseure
Tout en ta foi, trésor de tes paroles.

LXXXV[1]

Non sur toi seule Envie a fait ce songe,
Mais en maints lieux, et plus haut mille fois.
Et si en toi elle est vue mensonge,
Pour vérité se trouve toutefois.
   Et pour spectacle, ô Albion, tu vois
Malice honneur aujourd'hui contrefaire,
Pour à ta Dame un tel outrage faire,
Qu'elle a plus cher à honte et vilenie
De sa Coronne et de soi se défaire,
Que voir Amour céder à Calomnie.

LXXXVI

Sur le matin, commencement du jour,
Qui flourit tout en pénitence austère,
Je vis Amour en son triste séjour
Couvrir le feu qui jusqu'au cœur m'altère.
« Découvre, dis-je, ô malin, ce Cautère
Qui moins offense où plus il est prévu.
— Ainsi, dit-il, je tire au dépourvu,
Et celément* plus droit mes traits j'assure.
Ainsi qui cuide* être le mieux pourvu
Se fait tout butte à ma visée sûre. »

Deux Bœufs à la Charrue

« *Douce la peine qui est accompagnée.* »

LXXXVII

Ce doux grief mal, tant longuement souffert
En ma pensée et au lieu le plus tendre,
De mon bon gré au travail m'a offert,
Sans contre Amour aucunement contendre★ ;
Et me voudrais à plus souffrir étendre,
Si l'on povait plus grand' peine prouver.
   Mais encor mieux me ferait éprouver,
Si par mourir sa foi m'était gagnée,
Tant seulement pour me faire trouver
Douce la peine au mal accompagnée.

LXXXVIII

Non ci me tient ma dure destinée
Enseveli en solitaire horreur,
Mais y languit ma vie confinée
Par la durté de ton ingrate erreur ;
Et ne te sont ne* crainte ne* terreur
Foudre des Dieux et ton cruel méfaire.
   Celle s'enflamme à la vengeance faire,
Cettui t'accuse et justice demande.
Pourras-tu donc, toi seule, satisfaire
À moi, aux Dieux, à ta coulpe si grande ?

LXXXIX[1]

Amour perdit les traits qu'il me tira,
Et de douleur se prit fort à complaindre ;
Vénus en eut pitié et soupira
Tant que par pleurs son brandon fit éteindre,
Dont aigrement furent contraints de plaindre :
Car l'Archer fut sans trait, Cypris sans flamme.
   Ne pleure plus, Vénus : mais bien enflamme
Ta torche en moi, mon cœur l'allumera ;
Et toi, Enfant, cesse : va vers ma Dame
Qui de ses yeux tes flèches refera.

101

Par ce haut bien qui des Cieux plut sur toi
Tu m'excitas du sommeil de paresse ;
Et par celui qu'ores* je ramentois*
Tu m'endormis en mortelle détresse.
   Lui seul à vivre évidemment m'adresse,
Et toi ma vie à mort as consommée.
   Mais — si tu veux — vertu en toi nommée,
Agrandissant mes esprits faits petits,
De toi et moi fera la renommée
Outrepasser et Ganges et Bétis[1].

XCI

Ôté du col de la douce plaisance,
Fus mis ès* bras d'amère cruauté,
Quand premier j'eus novelle connaissance
De celle rare et divine beauté
Qui obligea ma ferme loyauté
Au froid loyer de si grand' servitude.
   Non que j'accuse en toi nature rude,
Mais à me plaindre à toi m'a incité
L'avoir perdu en telle ingratitude
Les meilleurs ans de ma félicité.

Sur notre chef jetant Phébus ses rais,
Faisait bouillir de son clair jour la None* ;
Avis me fut de voir en son teint frais
Celle de qui la rencontre m'étonne,
De qui la voix si fort en l'âme tonne
Que ne puis d'elle un seul doux mot ouïr,
Et de qui l'œil vient ma vue éblouir
Tant qu'autre n'est, fors* elle, à mes yeux belle.
   Me pourra donc tel Soleil réjouir,
Quand tout Midi m'est nuit, voire éternelle ?

Œil aquilin, qui tant osas souffrir
Les rais aigus de celle clarté sainte,
À qui Amour vaincu se vint offrir,
Dont de ses traits tu la vis toute ceinte,
N'aperçois-tu que, de tes maux enceinte,
Elle te fait tant de larmes pleuvoir ?
   Veuillent les Cieux par un bénin devoir
Tes pleurs si grands si largement déduire
Qu'elle les voie en un ruisseau movoir
Qui, murmurant, mes peines puisse dire.

Si très-las fut d'environner le Monde
Le Dieu volant[1], qu'en Mer il s'abîma,
Mais retournant à chef de temps[2] sur l'onde,
Sa Trousse prit et en fûte* l'arma,
De ses deux traits diligemment rama,
De l'arc fit l'arbre*, et son bandeau tendit
Aux vents pour voile, et en Port descendit
Très-joyeux d'être arrivé sûrement.
    Ainsi Amour, perdu à nous, rendit
Vexation[3], qui donne entendement.

XCV

Ton haut sommet, ô Mont[1] à Vénus sainte,
De tant d'éclairs tant de fois coronné,
Montre ma tête être de sanglots ceinte
Qui mon plus haut tiennent environné.
    Et ce Brouas* te couvrant étonné,
De mes soupirs découvre la bruine.
    Tes Aqueducs, déplorable ruine,
Te font priser par l'injure du Temps,
Et mes yeux secs de l'eau qui me ruine
Me font du Peuple et d'elle passe-temps.

Le Phénix[1]

« De mort à vie. »

XCVI

Te voyant rire avecques si grand' grâce,
Ce doux souris me donne espoir de vie,
Et la douceur de cette tienne face
Me promet mieux de ce dont j'ai envie.
    Mais la froideur de ton cœur me convie
À désespoir, mon dessein dissipant.
Puis ton parler, du Miel participant,
Me remet sus le désir qui me mord.
    Parquoi tu peux, mon bien anticipant,
En un moment me donner vie et mort.

105

À contempler si merveilleux spectacle,
Tu anoblis la mienne indignité,
Pour être toi de ce Siècle miracle,
Restant merveille à toute éternité,
Où la Clémence en sa bénignité
Révère à soi Chasteté présidente,
Si haut au Ciel de l'honneur résidente
Que tout aigu d'œil vif n'y peut venir.
   Ô vain désir, ô folie évidente
À qui de fait espère y parvenir

XCVIII

Le Dieu imberbe[1] au giron de Téthys
Nous fait des monts les grands ombres descendre ;
Moutons cornus, Vaches et Veaux petits
En leurs parcs clos serrés se viennent rendre.
   Lors tout vivant à son repos veut tendre,
Où* dessus moi noveau réveil s'épreuve.
   Car moi contraint et par forcée preuve
Le soir me couche éveillé hors de moi,
Et le matin veillant aussi me treuve,
Tout éploré en mon piteux* émoi[2].

XCIX

Fusse le moins de ma calamité
Souffrir et vivre en certaine doutance,
J'aurais au moins, soit en vain, limité
Le bout sans fin de ma vaine espérance.
    Mais tous les jours gruer* sous l'assurance
Que cette fièvre aura sa guérison,
Je dis qu'espoir est la grand' prurison*
Qui nous chatouille* à toute chose extrême
Et qui nos ans use en douce prison,
Comme un Printemps sous la maigre Carême.

C

L'oisiveté des délicates plumes,
Lit coutumier, non point de mon repos,
Mais du travail* où mon feu tu allumes,
Souventefois, outre heure et sans propos,
Entre ses draps me détient indispos,
Tant elle m'a pour son faible ennemi.
    Là mon esprit son corps laisse endormi,
Tout transformé en image de Mort,
Pour te montrer que lors homme à demi,
Vers toi suis vif et vers moi je suis mort.

Sur le matin, songeant profondément,
Je vis ma Dame avec Vénus la blonde.
Elles avaient un même vêtement,
Pareille voix et semblable faconde,
Les yeux riants en face et tête ronde
Avec maintien qui le tout compassait*.
  Mais un regret mon cœur entrelaçait,
Apercevant ma Maîtresse plus belle.
Car Cythérée en pitié surpassait,
Là où Délie est toujours plus rebelle.

Bien qu'on me voie outre mode éjouir,
Ce mien travail toutefois peine endure,
J'ai certes joie à ta parole ouïr
À mon ouïe assez tendrement dure,
Et je m'y peine afin que toujours dure
L'intention de notre long discours.
  Mais quand au but de mon vouloir je cours,
Tes voulentés sont ailleurs déclinées,
Parquoi toujours en mon travaillé cours
Tu fuis, Daphné[1], ardeurs Apollinées.

CIII

Suivant celui qui pour l'honneur se jette,
Ou pour le gain, au péril dangereux,
Je te rendis ma liberté sujette
Pour l'affranchir en vivre plus heureux.
    Après le saut je m'étonnai peureux
Du grand Chaos de si haute entreprise,
Où plus j'entrai, et plus je trouvai prise
L'Âme abîmée au regret qui la mord.
    Car tout le bien de l'heureuse surprise
Me fut la peur, la douleur et la Mort.

CIV

L'affection d'un trop hautain désir
Me banda l'œil de la raison vaincue ;
Ainsi conduit par l'inconnu plaisir,
Au Règne ombreux ma vie s'est rendue.
    Lors débandant cette face éperdue,
Je vis de loin ce beau champ Élisée,
Où ma jeunesse en son rond Colisée
Satirisait[1] contre Sollicitude*,
Qui liberté, de moi tant fort prisée,
M'avait changée en si grand' servitude.

109

L'Oiseau au glu

« Où moins crains, plus suis pris. »

CV

Je vis aux rais des yeux de ma Déesse
Une clarté éblouissamment pleine
Des esperits★ d'Amour et de liesse,
Qui me rendit ma fiance★ certaine
De la trouver humainement hautaine.
   Tant abondait en faveur et en grâce
Que toute chose, ou qu'elle die[1] ou fasse,
Cent mille espoirs y sont encor compris.
   Et par ainsi, voyant si douce face,
Où moins craignais, là plus tôt je fus pris.

CVI

J'attends ma paix du repos de la nuit,
Nuit réfrigère* à toute âpre tristesse,
Mais s'absconsant* le Soleil, qui me nuit,
Noie avec soi ce peu de ma liesse.
   Car lors jetant ses cornes la Déesse
Qui du bas Ciel éclaire la nuit brune,
Renaît soudain en moi celle autre Lune,
Luisante au centre où l'Âme a son séjour,
Qui, m'excitant à ma peine commune,
Me fait la nuit être un pénible jour[1].

CVII

« Fortune forte à mes vœux tant contraire,
Ôte-moi tôt du milieu des Humains.
— Je ne te puis à mes faveurs attraire*,
Car ta Dame a ma roue entre ses mains. »
   « Et toi, Amour, qui en as tué maints ?
— Elle a mon arc pour nuire et secourir. »
   « Au moins toi, Mort, viens à coup me férir.
— Tu es sans Cœur, je n'ai puissance aucune. »
   « Donc (que crains-tu ?) Dame, fais-me mourir,
Et tu vaincras Amour, Mort et Fortune. »

Serait-ce point fièvre qui me tourmente,
Brûlant de chaud, tremblant aussi de froid ?
C'est celle ardeur que j'ai si véhémente,
Qui tant plus sent ta froideur, tant plus croît,
Bien que ton froid surprimer* la voudroit,
Tâchant toujours à me faire nuisance.
 Mais, comme puis avoir d'eux connaissance,
Ils sont — tous deux — si forts en leur poursuivre,
Que froid et chaud, pareils en leur puissance,
Me font languir sans mourir et sans vivre.

Mars amoureux voulut baiser ma Dame,
Pensant que fût Vénus, sa bien-aimée.
Mais contre lui soudain elle s'enflamme
Et lui ôta son épée enfumée.
 Quand je la vis en ce point être armée,
« Fais, dis-je lors, de cette Cimeterre,
Que je descende avec mes maux sous terre.
— Va ! ta demande est, dit-elle, importune.
Car j'en veux faire à tous si forte guerre
Qu'aucun n'aura sur moi victoire aucune. »

CX

De l'Arc d'Amour tu tires, prends et chasses
Les cœurs de tous à t'aimer curieux ;
Du Braquemart* de Mars tu les déchasses
Tant que nul n'est sur toi victorieux.
    Mais veux-tu faire acte plus glorieux
Et digne assez d'éternelle mémoire ?
Pour t'acquérir perpétuelle gloire,
Rends son épée à ce Dieu inhumain,
Et à l'Archer son arc fulminatoire*,
Et tes Amants fais mourir de ta main.

CXI

Lorsque le Soir Vénus au Ciel rappelle,
Portant repos au labeur des Mortels,
Je vois lever la Lune en son plein belle,
Ressuscitant mes soucis immortels,
Soucis qui point ne sont à la mort tels
Que ceux que tient ma pensée profonde.
    Ô fusses-tu, Vesper, en ce bas Monde
Quand celle vient mon Enfer allumer.
Lors tu verrais, tout autour à la ronde,
De mes soupirs le Montgibel¹ fumer.

CXII[1]

Longue silence où je m'avainissais★
Hors la mémoire et des Dieux et des hommes
Fut le repos où je me nourrissais,
Tout déchargé des amoureuses sommes★.
Mais, comme advient, quand à souhait nous sommes,
De notre bien la Fortune envieuse
Trouble ma paix, par trois lustres joyeuse,
Renovelant ce mien feu ancien.
Dont du grief mal l'Âme toute playeuse★
Fait résonner le circuit Plancien[2].

CXIII

En devisant un soir me dit ma Dame :
« Prends cette pomme en sa tendresse dure,
Qui éteindra ton amoureuse flamme,
Vu que tel fruit est de froide nature ;
Adonc aura congrue nourriture
L'ardeur qui tant d'humeur[1] te fait pleuvoir.
— Mais toi, lui dis-je, ainsi que je puis voir,
Tu es si froide et tellement, en somme,
Que si tu veux de mon mal cure★ avoir,
Tu éteindras mon feu mieux que la pomme. »

Dido qui se brûle

« *Douce la mort qui de deuil me délivre.* »

Ô ans, ô mois, semaines, jours et heures,
Ô intervalle, ô minute, ô moment,
Qui consumez les durtés, voire seures,
Sans que l'on puisse apercevoir comment,
Ne sentez-vous que ce mien doux tourment
Vous use en moi et vos forces déçoit ?
  Si donc le Cœur au plaisir qu'il reçoit
Se vient lui-même à martyre livrer,
Croire faudra que la Mort douce soit
Qui l'Âme peut d'angoisse délivrer.

CXV

Par ton regard sévèrement piteux*
Tu m'éblouis premièrement la vue,
Puis du regard de son feu dépiteux
Surpris le Cœur et l'Âme à l'impourvue,
Tant que depuis, après mainte revue,
J'ars* de plus fort sans novelle achoison*.
   Ce même temps la superbe Toison[1],
D'ambition qui à tout mal consent
Toute aveuglée, épandit sa poison
Dessus le juste et Royal innocent.

CXVI[1]

Insatiable est l'appétit de l'homme
Trop effréné en sa cupidité,
Qui de la Terre ayant en main la pomme,
Ne peut soûler si grand' avidité,
Mais (ô l'horreur !) pour sa commodité
Viole foi, honneur et innocence.
   Ne pleure plus, France, car la présence
Du sang d'Abel devant Dieu criera
Si hautement que pour si grande offense
L'aîné Caïn devant toi tremblera.

Pour m'enlacer en mortelles défaites,
Tu m'affaiblis le fort de ton pouvoir ;
Soit que* couvrir espérances défaites
Fasse un bien peu d'espoir apercevoir,
Si* ne peut-on non assez concevoir
À quelle fin ton vouloir se dispose.
　　Parquoi mon bien, qui en ta foi repose,
Au long souffrir patiemment m'enhorte*,
Car aussi bien ta cruauté propose
De me donner comme à mort vie morte.

CXVIII

Le haut penser de mes frêles désirs
Me chatouillait* à plus haute entreprise,
Me dérobant moi-même à mes plaisirs,
Pour détourner la mémoire surprise
Du bien auquel l'Âme demoura prise ;
Dont, comme neige au Soleil, je me fonds,
Et mes soupirs dès leurs centres profonds
Si hautement élèvent leurs voix vives
Que, plongeant l'Âme et la mémoire au fond,
Tout je m'abîme aux oblieuses rives.

CXIX

Petit objet émeut grande puissance,
Et peu de flamme attrait* l'œil de bien loin.
Que fera donc entière connaissance
Dont on ne peut se passer au besoin ?
   Ainsi Honneur plutôt quitterait soin,
Plutôt au Temps sa Clepsydre cherrait,
Plutôt le Nom* sa trompette lairrait[1],
Qu'en moi mourût ce bien dont j'ai envie.
   Car, me taisant de toi, on me verrait
Ôter l'esprit de ma vie à ma vie.

CXX

L'Aigle des Cieux pour proie descendit
Et sur ma Dame hâtivement se pousse ;
Mais Amour vint, qui le cas entendit,
Et dessus lui emploie et arc et trousse.
   Lors Jupiter indigné se courrouce,
Et l'Archer fuit aux yeux de ma Maîtresse,
À qui le Dieu crie plein de tristesse :
« Je veux, Vénus, ton fils, qui a mépris*.
— Délie suis, dit-elle, et non Déesse.
— Prendre cuidais*, dit-il, mais je suis pris. »

118

CXXI

Tu celle fus qui m'obligeas première
En un seul corps à mille Créanciers ;
Tu celle fus qui causas la lumière
Dont mes soupirs furent les Encensiers★.
  Mais vous, Soucis, prodigues dépensiers
De paix tranquille et vie accoutumée,
Mîtes la flambe★ en mon âme allumée,
Par qui le Cœur souffre si grands discords
Qu'après le feu, éteinte la fumée,
Vivra le mal, avoir perdu[1] le Corps.

CXXII

De ces hauts Monts jetant sur toi ma vue,
Je vois les Cieux avec moi larmoyer ;
Des Bois ombreux je sens à l'impourvue
Comme les Blés ma pensée ondoyer.
  En tel espoir me fait ores★ ployer,
Duquel bien tôt elle seule me prive.
Car à tout bruit croyant que l'on arrive,
J'aperçois clair que promesses me fuient.
  Ô fol désir, qui veut par raison vive
Que foi habite où les Vents légers bruient.

Tour Babel

« Contre le ciel nul ne peut. »

CXXIII

Vaincre elle sait hommes par sa valeur,
Et par son sens l'outrageuse Fortune,
Et toutefois ne peut à mon malheur
Remédier, se voyant opportune
Pour bienheurer trop plus grand' infortune,
Laissant mon cas suspendre à nonchaloir.
   Mais si des Cieux pour me faire douloir*,
À tous bénigne, à moi est inhumaine,
De quoi me sert mon obstiné vouloir ?
Contre le Ciel ne vaut défense humaine.

Si Apollo restreint ses rais dorés,
Se marrissant* tout honteux sous la nue,
C'est par les tiens, de ce Monde adorés,
Desquels l'or pur sa clarté diminue.
   Parquoi, soudain qu'ici tu es venue,
Étant sur toi, son contraire, envieux,
A congelé ce Brouas* pluvieux
Pour contrelustre à ta divine face.
Mais ton teint frais vainc la neige des cieux,
Comme le jour la claire nuit efface.

CXXV

Enseveli longtemps sous la froideur
Du Marbre dur de ton ingratitude,
Le Corps est jà en sa faible roideur
Exténué de sa grand' servitude ;
Dont âme et cœur par ta nature rude
Sont sans merci en peine outrepassés*.
   Ô aujourd'hui, bienheureux trépassés,
Pour votre bien tout dévot intercède,
Mais pour mes maux en mon tourment lassés,
Celle cruelle un Purgatoire excède.

À l'embrunir des heures ténébreuses,
Que Somnus lent pacifie la Terre,
Enseveli sous Cortines* ombreuses,
Songe[2] à moi vient qui mon esprit desserre,
Et tout auprès de celle-là le serre
Qu'il révérait pour son royal maintien.
   Mais, par son doux et privé entretien,
L'attrait[3] tant sien que puis*, sans crainte aucune,
Il m'est avis, certes, que je la tiens,
Mais ainsi comme Endymion la Lune[4].

CXXVII

L'esprit qui fait tous tes membres movoir
Au doux concent* de tes qualités saintes,
A eu du Ciel ce tant heureux povoir
D'enrichir l'Âme, où Grâces tiennent ceintes
Mille vertus de mille autres enceintes,
Comme tes faits font au monde apparoître.
   Si transparent m'était son chaste cloître
Pour révérer si grand' divinité,
Je verrais l'Âme ensemble et le Corps croître,
Avant leur temps, en leur éternité.

CXXVIII

Ce bas Soleil[1], qui au plus haut fait honte,
Nous a daigné* de sa rare lumière,
Quand sa blancheur, qui l'ivoire surmonte,
A éclairci le brouillas de Fourvière ;
Et s'arrêtant l'une et l'autre rivière,
Si grand' clarté s'est ici démontrée
Que, quand mes yeux l'ont soudain rencontrée,
Ils m'ont perdu au bien qui seul me nuit.
  Car son clair jour serénant la Contrée,
En ma pensée a mis l'obscure nuit.

CXXIX

Le jour passé de ta douce présence
Fut un serein en hiver ténébreux,
Qui fait prouver la nuit de ton absence
À l'œil de l'âme être un temps plus ombreux
Que n'est au Corps ce mien vivre encombreux
Qui maintenant me fait de soi refus.
  Car dès le point que partie tu fus,
Comme le Lièvre accropi en son gîte,
Je tends l'oreille, oyant un bruit confus,
Tout éperdu aux ténèbres d'Égypte[1].

Tant me fut lors cruellement piteuse★
L'affection qui en moi s'étendit
Que, quand la voix hardie et puis honteuse
Voulut répondre, un seul mot ne rendit :
Mais, seulement soupirant, attendit
Que l'on lui dît : « Où penses-tu atteindre ? »
  Ainsi voit-on la torche en main s'éteindre,
Si en temps dû on laisse à[1] l'émovoir,
Qui, ébranlée un bien peu, sans se feindre★
Fait son office ardent à son povoir.

CXXXI[1]

Delia ceinte, haut sa cotte atournée,
La trousse au col, et arc et flèche aux mains,
Exercitant chastement la journée,
Chasse et prend cerfs, biches et chevreux maints.
  Mais toi, Délie, en actes plus humains
Mieux composée, et sans violents dards,
Tu vènes★ ceux par tes chastes regards
Qui tellement de ta chasse s'ennuient★
Qu'eux tous étant de toi saintement ards★,
Te vont suivant, où★ les bêtes la fuient.

124

La Girouette

« Mille révoltes* ne m'ont encor bougé. »

CXXXII

Le bon Nocher se montre en la tempête,
Et le Soudard au seul conflit se prouve ;
Aussi Amour sa gloire et sa conquête
Par fermeté en inconstance éprouve.
Parquoi souvent en maints lieux il me trouve
Où au-devant me présente un objet
Avec si doux et attrayant* sujet
Que ma pensée à peu près s'y transmue,
Bien que ma foi, sans suivre mon projet,
Çà et là tourne et point ne se remue.

125

CXXXIII

Le Vêpre* obscur à tous le jour clouit*
Pour ouvrir l'Aube aux limbes de ma flamme,
Car mon désir par ta parole ouït
Qu'en te donnant à moi, tu m'étais Dame.
  Lors je sentis distiller en mon âme
Le bien du bien, qui tout autre surmonte.
Et néanmoins, assez loin de mon compte,
Pitié te fit tendrement proférer
Ce doux « nenni » qui, flamboyant de honte,
Me promit plus qu'onc n'osai espérer.

CXXXIV

Sainte Union pouvait seule accomplir
L'intention que sa loi nous donna,
Comme toi seule aussi devais supplir*
Au bien qu'à deux elle-même ordonna.
  À lui[1] et Corps et Foi abandonna,
À moi le Cœur et la chaste pensée.
Mais si sa part est ores* dispensée
À recevoir le bien qu'Amour départ,
La mienne est mieux en ce récompensée
Qu'après Amour, la Mort n'y aura part.

126

CXXXV

Qui ce lien pourra jamais dissoudre,
Si la raison à ce nous contraignit ?
Amour le nœud laça, et pour l'absoudre*
Foi le noua, et le temps l'étreignit.
    Premier le Cœur et puis l'Âme ceignit
En nœud si doux et tant indissolvable,
Qu'outre le bien qui me tient redevable,
J'espérerai en sûre indemnité
Et prouverai par effet jà prouvable
En Terre nom*, au Ciel éternité.

CXXXVI[1]

L'heur* de notre heur enflambant le désir
Unit double âme en un même pouvoir :
L'une mourant vit du doux déplaisir
Qui l'autre vive a fait mort recevoir.
    Dieu aveuglé, tu nous as fait avoir,
Sans autrement ensemble consentir,
Et posséder, sans nous en repentir,
Le bien du mal en effet désirable ;
Fais que puissions aussi longtemps sentir
Si doux mourir en vie respirable.

CXXXVII

De la mort rude à bon droit me plaindrais,
Qui à mes vœux tendit oreilles sourdes ;
Contre l'Aveugle aussi ne me feindrais*,
Pirouettant sur moi ses fallebourdes*,
Si par fortune en ses traverses lourdes
Ne fût ma joie abortivement née.

    La fin m'avait l'heure déterminée,
Amour soudain l'effet exécuta :

    Occasion seule prédestinée
Causa le bref* qui me persécuta.

CXXXVIII

Non tant me nuit cette si longue absence,
Que mal me fit le bref département*,
Car le présent de l'heureuse présence
Eût le futur déçu* couvertement.

    Vous, ô hauts cieux, vîtes appertement*
Qu'onques* en moi ne pensai d'approcher
Le bien que j'ai toujours eu sur tout cher ;
Aussi par vous la Fortune bénigne
Le me fit voir et presqu'au doigt toucher,
M'en retirant, comme sans vous indigne.

128

Bien fortuné celui[1] se pouvait dire
Qui vint, afin qu'en voyant il vainquît.
Mais plus grand heur* le sort me dut ascrire*,
Qui tel souhait inespéré m'acquit,
Me soumettant celle qui me conquit,
À transformer son sauvage en humain.
   Non que ne soit trop plus qu'à ce Romain
Mon chemin âpre, aussi de plus grand' gloire.
Car en vainquant tomber dessous sa main,
M'a été voie et vue et puis victoire.

CXL

À Cupido je fis maints traits briser
Sans que sur moi il put avoir puissance,
Et pour me vaincre il se va aviser
De son arc mettre en ton obéissance.
   Point ne faillit, et j'en eus connaissance,
Bien que pour lors fusse sans jugement.
Et toutefois j'aperçus clairement
Que tes sourcils étaient d'Amour les arcs.
   Car tu navras mon cœur trop âprement
Par les longs traits de tes perçants regards.

La Cicorée*

« En tous lieux je te suis. »

Comme des rais du Soleil gracieux
Se paissent fleurs durant la Primevère*,
Je me recrée aux rayons de ses yeux
Et loin et près autour d'eux persévère.
Si que* le Cœur, qui en moi la révère,
La me fait voir en celle même essence
Que ferait l'Œil par sa belle présence
Que tant j'honore et que tant je poursuis :
    Parquoi de rien ne me nuit son absence,
Vu qu'en tous lieux, maugré moi, je la suis.

CXLII

Celle pour qui je mets sens* et étude
À bien servir, m'a dit en cette sorte :
« Tu vois assez que la grand' servitude
Où l'on me tient me rend en ce point morte. »
    Je pense donc, puisqu'elle tient si forte
La peine qu'a le sien corps seulement,
Qu'elle croira que mon entendement,
Qui pour elle a cœur et corps asservi,
Me fera dire être serf doublement,
Et qu'en servant j'ai amour desservi*.

CXLIII

Le souvenir, âme de ma pensée,
Me ravit tant en son illusif songe
Que, n'en étant la mémoire offensée,
Je me nourris de si douce mensonge.
    Or quand l'ardeur qui pour elle me ronge
Contre l'esprit sommeillant se hasarde,
Soudainement qu'il s'en peut donner garde
Ou qu'il se sent de ses flammes grevé,
En mon penser soudain il te regarde
Comme au désert son Serpent élevé[1].

lines only in lower
— alternatif lines   toi
                          moi

CXLIV

En toi je vis, où que tu sois absente ;
En moi je meurs, où que soie présent.
Tant loin sois-tu, toujours tu es présente ;
Pour près que soie, encore suis-je absent.
  Et si nature outragée se sent
De me voir vivre en toi trop plus qu'en moi,
Le haut pouvoir qui, œuvrant sans émoi,
Infuse l'âme en ce mien corps passible,
La prévoyant sans son essence en soi,
En toi l'étend, comme en son plus possible.

CXLV

Amour si fort son arc roide enfonça,
Pour éprouver dessus moi sa puissance,
Que, quand le trait délâché s'absconsa*
Au fond du cœur d'entière connaissance,
Sa pointe entra au dur de résistance ;
Et là tremblant, si grand coup a donné
Qu'en s'arrêtant, le creux a résonné
De ma pensée alors de cures* vide.
  Dont mon esprit, de ce trouble étonné,
Comme insensé à toute heure outrecuide*.

CXLVI

Donc admirant le grave de l'honneur
Qui en l'ouvert de ton front seigneurie*.
Je priverai mon sort de ce bonheur
Que je me feins* en ma joie périe ?
Ni pour espoir de mieux qui me supplie,
Si haut poursuivre en son cours cessera ?
   Jamais tel los* son plus ne laissera,
Pour s'amoindrir à autres bien frivoles,
Et pour soulas* à son travail sera
L'Ambre souef* de ses hautes paroles.

CXLVII

Le doux sommeil de ses tacites eaux
D'oblivion* m'arrousa tellement
Que de la mère et du fils les flambeaux
Je me sentais éteints totalement,
Ou le croyais ; et spécialement
Que la nuit est à repos inclinée.
   Mais le jour vint, et l'heure destinée,
Où, revivant, mille fois je mourus,
Lorsque vertu, en son zèle obstinée,
Perdit au Monde Angleterre et Morus[1].

133

Vois que, l'Hiver tremblant en son séjour,
Aux champs tout nus sont leurs arbres faillis.
Puis, le Printemps ramenant le beau jour,
Leur sont bourgeons, feuilles, fleurs, fruits saillis.
   Arbres, buissons et haies et taillis
Se crêpent lors en leur gaie verdure.
   Tant que sur moi le tien ingrat froid dure,
Mon espoir est dénué de son herbe ;
Puis, retournant le doux Ver* sans froidure,
Mon An se frise en son Avril superbe.

CXLIX

Et Hélicon[1] ensemble et Parnassus,
Haut Paradis des poétiques Muses,
Se démettront en ce bas Caucasus,
Où de Vénus les trois feintes* Méduses
Par le naïf de tes grâces infuses
Confesseront — toutefois sans contrainte —
La Déité en ton esprit empreinte,
Trésor des Cieux qui s'en sont dévêtus
Pour illustrer Nature à vice astreinte,
Or* embellie en tes rares vertus.

L'hyerre★ et la Muraille

« *Pour★ aimer souffre ruine.* »

CL

Ou sa bonté par vertu attractive,
Ou sa vertu par attrayant bonté,
Moitié bon gré, et vive force active,
M'a tellement à son plaisir dompté
Que j'ai permis son vouloir jà monté
Sur le plus haut de ma fermeté croître,
Et là s'étendre et à tous apparoître
Pour ma défense et contre ma ruine.
   Mais, comme puis à l'épreuve connoître,
Son amitié peu à peu me ruine.

CLI

Au moins peux-tu en toi imaginer
Quelle est la foi qu'Amour en mon cœur lie.
Car, lui croissant où il devrait finer*,
Tout autre bien pour le tien elle oblie,
Ne* pour espoir de mieux, qui me supplie,
Toujours elle est plus loyale en sa preuve.
   Parquoi alors que fermeté se treuve
En celle crainte où perte une mort livre,
Plus nuit la peur du mal à qui l'épreuve,
Que la douleur à qui jà s'en délivre.

CLII

Je sens le nœud de plus en plus étreindre
Mon âme au bien de sa béatitude,
Tant qu'il n'est mal qui la puisse contraindre
À délaisser si douce servitude.
   Et si n'est fièvre en son inquiétude
Augmentant plus son altération
Que fait en moi la variation
De cet espoir qui, jour et nuit, me tente.
   Quelle sera la délectation,
Si ainsi douce est l'ombre de l'attente ?

Morte espérance au giron de pitié,
Mourait le jour de ma fatalité,
Si le lien de si sainte amitié
Ne m'eût restreint* à immortalité.
Non qu'en moi soit si haute qualité
Que l'immortel d'elle se rassasie.
    Mais le grillet*, jalouse fantaisie,
Qui sans cesser chante tout ce qu'il cuide*,
Et la pensée et l'Âme ayant saisie,
Me laisse vif à ma douce homicide.

CLIV

La Mort est pâle, et Cupido transi ;
La Parque aveugle, et l'enfant n'y voit point.
Atropos tue et nous prend sans merci,
L'Archer occit, quand il lui vient à point.
Par eux enfin chacun se trouve point*,
Comme de pointe, et l'un et l'autre[1] tire.
    Mais, quant à moi, pour m'ôter de martyre
J'aime trop mieux à la Mort recourir.
Car qui vers toi, ô Amour, se retire,
Sans cœur ne peut à son besoin mourir.

Ce froid, tremblant ses glacées frissons,
Cuisant le Corps, les moelles consume.
Puis la chaleur par ardentes cuissons
Le demeuràvnt violemment écume.
   Lors des soupirs la cheminée fume,
Tant qu'au secours vient le doux souvenir,
Qui doute éteint à son bref survenir,
Soupeçonnant à ma paix quelque schisme.
   Et quand j'y pense et le cuide* advenir,
Ma fièvre rentre en plus grand paroxysme.

CLVI

Être ne peut le bien de mon malheur
Plus élevé sur sa triste Montjoye*
Que celui-là qui étend la douleur
Lorsque je dusse augmenter en ma joie.
   Car à toute heure il m'est avis que j'oie
Celle parler à son heureux Consort[1],
Et le doux son qui de sa bouche sort
Me fait frémir en si ardente doute
Que, dédaignant et la loi et le sort,
Tout hors de moi du droit je me déboute.

CLVII

Me ravissant ta divine harmonie
Souventefois jusques aux Cieux me tire ;
Dont, transporté de si douce manie*,
Le Corps tressue en si plaisant martyre
Que plus j'écoute, et plus à soi m'attire
D'un tel concent* la délectation.
   Mais seulement celle prolation*
Du plus doux nom·que proférer je t'oie
Me confond tout en si grand' passion
Que ce seul mot fait éclipser ma joie.

CLVIII

L'air tout ému de ma tant longue peine
Pleurait bien fort ma dure destinée ;
La Bise aussi avec sa forte haleine
Refroidissait l'ardente cheminée
Qui, jour et nuit, sans fin déterminée,
M'échauffe l'Âme et le Cœur à tourment,
Quand mon Phénix[1] pour son ébattement
Dessus sa lyre à jouer commença :
Lors tout soudain en moins que d'un moment
L'air s'éclaircit, et Aquilon cessa.

Le Cerf

« Fuyant ma mort j'hâte ma fin. »

Si de sa main ma fatale ennemie,
Et néanmoins délices de mon Âme,
Me touche un rien, ma pensée endormie
Plus que le mort sous sa pesante lame⋆
Tressaute en moi, comme si d'ardent' flamme
L'on me touchait, dormant profondément.
   Adonc l'esprit, poussant hors roidement,
La veut fuir et moi, son plus affin⋆,
Et en ce point — à parler rondement —
Fuyant ma mort, j'accélère ma fin.

Êtes-vous donc, ô mortels, ébahis
De si étrange et tant novelle chose ?
   Elle a le Ciel seréné au Pays
Pour mieux troubler la paix en mon cœur close.
Et son doux chant (si au vrai dire l'ose,
Et sans me plaindre il me faille parler)
A tranquillé la tempête par l'air,
Pour l'envoyer prendre possession
En ma pensée, et là renoveler
Ma tempêteuse et longue passion.

CLXI

Seul avec moi, elle avec sa partie ;
Moi en ma peine, elle en sa molle couche.
Couvert d'ennui je me vautre en l'Ortie,
Et elle nue entre ses bras se couche.
   Ha ! (lui indigne) il la tient, il la touche,
Elle le souffre ; et, comme moins robuste,
Viole amour par ce lien injuste
Que droit humain, et non divin, a fait.
   Ô sainte loi à tous fors* à moi juste,
Tu me punis pour elle avoir méfait[1].

141

CLXII

Oserais-tu, ô Âme de ma vie,
Ce mien mérite à celui transporter*
À qui l'honneur du devoir te convie
Très privément tes secrets rapporter ?
   Veuilles, au moins présent moi, te porter
Moins domestique à si grand' loyauté ;
Et reconnais que pour celle beauté
Dont les hauts dieux t'ont richement pourvue,
Les cieux, jaloux de si grand' privauté
Avecques moi jettent en bas leur vue.

CLXIII

De ce bienfait te dois-je au moins louer,
Duquel je note et le lieu et la place,
Où, tout tremblant, tu m'ouïs dénouer
Ce mortel nœud qui le cœur m'entrelace.
   Je te vis lors, comme moi, être lasse
De mon travail*, plus par compassion
Que pour* sentir celle grand' passion
Que j'ai encor, non toutefois si grande.
Car éteignant mon altération,
Tu me reçus pour immolée offrande.

142

CLXIV

Comme corps mort vaguant en haute Mer,
Ébat des Vents et passe-temps des Ondes,
J'errais flottant parmi ce Gouffre amer
Où mes soucis enflent vagues profondes.
   Lors toi, Espoir, qui en ce point te fondes
Sur le confus de mes vaines merveilles,
Soudain au nom d'elle tu me réveilles
De cet abîme auquel je périssais ;
Et à ce son me cornant les oreilles,
Tout étourdi point ne me connaissais.

CLXV

Mes pleurs, clouant* au front ses tristes yeux,
À la mémoire ouvrent la vue instante
Pour admirer et contempler trop mieux
Et sa vertu et sa forme élégante.
   Mais sa hautesse en majesté prestante
Par moi, si bas, ne peut être estimée.
Et la cuidant* au vrai bien exprimée
Pour tournoyer* son moins, ou environ,
Je m'aperçois la mémoire abîmée
Avec Dathan au centre d'Abiron[1].

CLXVI[1]

Tout jugement de celle infinité
Où tout concept se trouve superflu,
Et tout aigu de perspicuité
Ne pourraient joindre au sommet de son plus.
   Car seulement l'apparent du surplus,
Première neige en son blanc souveraine,
Au pur des mains délicatement saine,
Ahontirait le nu de Bersabée[2],
Et le flagrant[3] de sa suave haleine
Appourrirait l'odorante Sabée.

CLXVII

Vivacité en sa jeunesse absconse*,
Docile esprit, objet de la Vertu,
L'oracle fut sans douteuse réponse,
Qui mon certain a ainsi débattu
Qu'après avoir constamment combattu,
Ce mien travail jamais ne cessera.
   Donc autre Troie en moi commencera
Sans recouvrer ma dépouille ravie,
Comme elle seule a été et sera
Mort de ma mort et vie de ma vie.

Actéon[1]

« Fortune par les miens me chasse. »

CLXVIII

Toutes les fois qu'en mon entendement
Ton nom divin par la mémoire passe,
L'esprit, ravi d'un si doux sentement,
En autre vie et plus douce trépasse ;
Alors le Cœur, qui un tel bien compasse★,
Laisse le Corps prêt à être enchâssé,
Et si bien a vers l'Âme pourchassé
Que de soi-même et du corps il s'étrange★.
    Ainsi celui est des siens déchassé
À qui Fortune ou heur★ ou état change.

CLXIX

Vous, Gants heureux, fortunée prison
De liberté volontairement serve,
Celez le mal avec la guérison,
Comme votre ombre en soi toujours conserve
Et froid et chaud, selon que se réserve
Le libre vueil* de nécessaire aisance.
   Mais tout ainsi qu'à son obéissance
Dedans vous entre et sort sa blanche main,
Je sortirai de l'obscure nuisance
Où me tient clos cet enfant inhumain[1].

CLXX

Ma Dame et moi jouant emmi un pré,
Voici tonnerre, éclairs, nuit et la pluie.
Parquoi soudain je fuis outre mon gré,
Avecque moi cuidant* qu'elle s'enfuie.
Et quand je fus au couvert, je m'appuie
Pour prendre haleine et pour aussi la voir.
   Mais pour* le temps ne se voulut movoir,
Car l'eau partout la fuyait çà et là.
Lors j'aperçus les Dieux du Ciel pleuvoir,
Craignant son feu qui tant de gens brûla.

146

CLXXI

Parmi ces champs Automne pluvieux
Ressuscitant au naître le doux Ver★[1],
À son mourir ouvre le froid Hiver,
Du commun bien de nature envieux.
   L'air s'obscurcit, et le Vent ennuyeux
Les arbres verts de leurs feuilles dénue.
Adonc en moi, peu à peu, diminue
Non celle ardeur qui croît l'affection,
Mais la ferveur qui détient la foi nue
Toute gelée en sa perfection.

CLXXII

Blanc Alebâtre en son droit rond poli,
Que maint chaînon superbement coronne ;
Ivoire pur en union★ joli,
Où maint émail mainte joie se donne[1].
   Ô quand je vois que ce ceint★ t'environne,
Étant au corps et au bras cordonnée
De la vertu au bleu[2] abandonnée
Dont Amour est et hautain et vainqueur,
Je suis lors sûr, Créature bien née,
Que fermeté est la clef de ton cœur.

CLXXIII

Ceinte en ce point et le col et le corps
Avec les bras, te dénote être prise
De l'harmonie en célestes accords,
Où le haut Ciel de tes vertus se prise.
    Fortuné fut celui qui telle prise
Put (Dieux bénins) à son heur* rencontrer.
Car te voulant, tant soit peu, démontrer
D'espoir ainsi envers moi accoutrée,
Non moindre gloire est à me voir outrer*,
Que te connaître à mon vouloir outrée*.

CLXXIV

Encore vit ce peu de l'espérance
Que me laissa si grand' longueur de temps,
Se nourrissant de ma vaine souffrance
Toute confuse au bien que je prétends.
    Et à me voir les Astres mal contents
Inspirent force au languissant plaisir,
Pour non à coup de vueil* me dessaisir,
Qui, persistant à ses fins prétendues,
À mon travail* augmente le désir,
Strigile* vain à mes sueurs perdues.

CLXXV

Vois le jour clair ruiner en ténèbres,
Où* son bienfait sa clarté perpétue ;
Joyeux effets finissent en funèbres,
Soit* que plaisir contre ennui s'évertue.
  Toute hautesse est soudain abattue,
De nos déduits* tant faible est le donneur.
Et se crêtant les arbres, leur honneur,
Légère gloire, enfin en terre tombe :
Où* ton haut bien aura seul ce bonheur
De verdoyer sur ta fameuse tombe.

CLXXVI

Diane on voit ses deux cornes jeter,
Encore tendre et faiblement naissante,
Et toi des yeux deux rayons forjeter*,
La vue basse, et alors moins nuisante.
  Puis sa rondeur elle accomplit luisante,
Et toi ta face élégamment haussant.
  Elle en après s'affaiblit décroissant,
Pour retourner une autre fois novelle,
Et le parfait de ta beauté croissant
Dedans mon cœur toujours se renovelle.

149

Orpheus

« À tous plaisir et à moi peine. »

CLXXVII

Par ta figure, hauts honneurs de Nature,
Tu me fis voir, mais trop à mon dommage,
La gravité en ta droite stature,
L'honnêteté en ton humain visage,
Le vénérable en ton florissant âge,
Donnant à tous mille ébahissements
Avec plaisir : à moi nourrissements
De mes travaux avec fin larmoyeuse.
  Et toutefois tels accomplissements
Rendent toujours ma peine glorieuse.

Pour être l'air tout offusqué de nues
Ne provient point du temps caligineux⋆,
Et voir ici ténèbres continues
N'est procédé d'Automne bruineux.
    Mais pour autant que tes yeux ruineux
Ont démoli le fort de tous mes aises,
Comme au Faubourg les fumantes fornaises
Rendent obscurs les circonvoisins lieux,
Le feu ardent de mes si grands mésaises
Par mes soupirs obténèbre les Cieux.

CLXXIX

Amour me presse et me force de suivre
Ce qu'il me jure être pour mon meilleur.
Et la Raison me dit que le poursuivre
Communément est suivi de malheur.
Celui[1] déjà, m'éloignant de douleur,
De toi m'assure, et cette[1] me dégoûte,
Qui jour et nuit devant les yeux me boute
Le lieu, l'honneur et la froide saison.
    Dont pour t'ôter, et moi, d'un si grand doute,
Fuyant Amour je suivrai la Raison.

151

CLXXX

Quand pied à pied la Raison je côtoie
Et pas à pas j'observe ses sentiers,
Elle me tourne en une même voie
Vers ce que plus je fuirais voulentiers.

   Mais ses effets, en leur oblique entiers,
Tendent toujours à celle droite sente
Qui plusieurs fois du jugement s'absente,
Feignant du miel être le goût amer,
Puis me contraint, quelque mal que je sente,
Et veuille ou non, à mon contraire aimer.

CLXXXI

Oui et non[1], aux Cestes* contendant*,
Par maints assauts alternatifs s'assaillent ;
Tous deux à fin de leur gloire tendant
En mon cerveau efforcément travaillent.

   Et, nonobstant que bien peu ou rien vaillent
Si longs efforts sans rien déterminer,
Si* sens-je en moi de peu à peu miner
Et la mémoire et le sens tout confus.

   D'ailleurs l'ardeur, comme eux, ne peut finer* ;
Ainsi je suis plus mal qu'onques* ne fus.

CLXXXII

Mais si Raison par vraie connaissance
Admire en toi Grâces du Ciel infuses,
Et Grâces sont de la Vertu puissance,
Nous transformant plus que mille Méduses,
Et la Vertu par règles non confuses
Ne tend sinon à ce juste devoir
Qui nous contraint, non seulement de voir,
Mais d'adorer toute perfection :
Il faudra donc que sous le tien pouvoir
Ce Monde voise⋆ en admiration.

CLXXXIII

Pourquoi reçois-je en moi mille arguments
Dont ma pensée est jà si entêtée ?
Vu qu'ils me sont mille noveaux tourments
Desquels mon âme en vain est maltraitée,
Ma face aussi de larmes tempêtée
Très-vainement me montre être à mort teint.
    Las ! ce saint feu qui tant au vif m'atteint,
Par qui Amour si feintement nous rit,
Ne⋆ par rigueur ne⋆ par merci s'éteint :
    Celle l'enflamme, et cette le nourrit.

153

CLXXXIV

En tel suspens, ou de non ou d'oui,
Je veux soudain, et plus soudain je n'ose.
L'un me rend triste et l'autre réjoui,
Dépendant tout de liberté enclose.
  Mais si je vois n'y povoir autre chose,
Je recourrai à mon aveugle Juge.
  Refrénez donc, mes yeux, votre déluge :
Car ce mien feu maugré vous reluira,
Et le laissant à l'extrême refuge,
Me détruisant, en moi se détruira.

CLXXXV

Le Cœur, surpris du froid de ta durté,
S'est retiré au fond de sa fortune ;
Dont à l'espoir de tes glaçons hurté,
Tu verrais choir les feuilles une à une.
  Et ne trouvant moyen ni voie aucune
Pour obvier à ton Novembre froid,
La voulenté se voit en tel détroit*
Que, délaissée et du jour et de l'heure
Qu'on lui devrait aider à son endroit,
Comme l'Année à sa fin jà labeure.

Le Basilisque* et le Miroir

« Mon regard par toi me tue. »

CLXXXVI

Je m'éjouis, quand ta face se montre
Dont la beauté peut les Cieux ruiner,
Mais quand ton œil droit au mien se rencontre,
Je suis contraint de ma tête cliner* ;
Et contre terre il me faut incliner,
Comme qui veux d'elle aide requérir
Et au danger son remède acquérir,
Ayant commune en toi compassion.
Car tu ferais nous deux bien tôt périr,
Moi du regard, toi par réflexion.

Plaindre provient partie du vouloir,
Et le souffrir de la raison procède.
Aussi ce mien continuel douloir*
Tous les ennuis de toutes morts excède.
   Car à mon Hydre incontinent succède
Un mal soudain à un autre repris.
Et quand je pense aider au Cœur surpris,
Ou en ses maux je veux feindre un plaisir,
Las ! je le trouve inutilement pris
Entre sa grâce et mon trop vain désir.

CLXXXVIII

Vois ce papier, de tous côtés noirci
Du mortel deuil de mes justes querelles,
Et, comme moi, en ses marges transi,
Craignant tes mains piteusement cruelles.
   Vois que douleurs en moi continuelles
Pour te servir croissent journellement,
Qui te devraient, par pitié seulement,
À les avoir agréables contraindre,
Si le souffrir doit supplir* amplement,
Où le mérite onques* n'a pu atteindre.

CLXXXIX

D'un tel conflit enfin ne m'est resté
Que le feu vif de ma lanterne morte,
Pour éclairer à mon bien arrêté
L'obscure nuit de ma peine si forte,
Où plus je souffre et plus elle m'enhorte*
À constamment pour si haut bien périr.
   Périr j'entends, que pour gloire acquérir
En son danger je m'assure très bien,
Vu qu'elle étant mon mal, pour en guérir
Certes il faut qu'elle me soit mon bien.

CXC

D'autant qu'en moi sa valeur plus augmente,
D'autant décroît le remède affaibli,
Et bien que soit mon mérite anobli
Du saint vouloir qui si fort me tourmente,
L'œil en larmoie, et le cœur en lamente,
Comme assaillis de mortel accident.
   Pource qu'espoir de leur bien évident,
Qui les délaisse en leurs extrémités,
Croissant le feu de mon désir ardent,
Est Calamite* à mes calamités.

CXCI

C'est de pitié que lors tu me dégoûtes*
Quand, travaillant* en ce mien penser frêle,
Tu vois ma face emperlée de gouttes
Se congelant menues comme grêle.
    Car ta froideur avec mon froid se mêle,
Qui me rend tout si tristement dolent
Que, nonobstant que mon naturel lent
M'argue* assez et me fasse blâmer,
Pour* être amour un mal si violent,
Las ! je ne puis patiemment aimer.

CXCII

Fait paresseux en ma longue espérance,
Avec le Corps l'Esprit est tant remis
Que l'un ne sent sa mortelle souffrance
Et l'autre moins connaît ses ennemis.
    Parquoi j'ignore, étant d'espoir démis,
Si ce mien vivre est vitupère* ou los*,
Mais je sais bien que, pour* être forclos
De ta merci, de mon bien tu me prives,
Et par cela tu veux que le mal clos
Vive en l'obscur de mes tristes Archives.

CXCIII

Quand de ton rond[1] le pur clair se macule,
Ta foi tachée alors je me présage ;
Quand, pâlissant, du blanc il se recule,
Je me fais lors de pleurs prochaines sage.
  Quand il rougit en Martial visage,
J'ouvre les vents à mes soupirs épais ;
  Mais je m'assure à l'heure de ma paix,
Quand je te vois en ta face sereine.
Parquoi du bien alors je me repais
Duquel tu es sur toutes souveraine.

CXCIV

Suffise-toi, ô Dame, de dorer
Par tes vertus notre bienheureux âge,
Sans efforcer le Monde d'adorer
Si fervemment le saint de ton image
Qu'il faille à maints par un commun dommage
Mourir au joug de tes grands cruautés.
  N'as-tu horreur, étant de tous côtés
Environnée et de morts et de tombes,
De voir ainsi fumer sur tes Autels,
Pour t'apaiser, mille et mille Hécatombes ?

Le Bateau à rames froissées

« Mes forces de jour en jour s'abaissent. »

CXCV

Désir, souhait, espérance et plaisir
De tous côtés ma franchise* agacèrent
Si vivement que, sans avoir loisir
De se défendre, hors de moi la chassèrent ;
Dès lors plus fort l'arbitre[1] ils pourchassèrent,
Qui de dépit et d'ire* tout flambant
Combat encor, ores* droit, or* tombant,
Selon qu'en paix ou séjour ils le laissent.
    Mais du povoir sous tel faix succombant
Les forces, las ! de jour en jour s'abaissent.

Tes doigts, tirant non le doux son des cordes,
Mais des hauts cieux l'Angélique harmonie,
Tiennent encor en telle symphonie
Et tellement les oreilles concordes
Que paix et guerre ensemble tu accordes
En ce concent* que lors je concevais.
  Car du plaisir qu'avecques toi j'avais,
Comme le vent se joue avec la flamme,
L'esprit divin de ta céleste voix
Soudain m'éteint et plus soudain m'enflamme.

CXCVII

Douce ennemie en qui ma dolente âme
Souffre trop plus que le corps martyré,
Ce tien doux œil, qui jusqu'au cœur m'entame,
De ton mourant a le vif attiré
Si vivement que pour* le coup tiré
Mes yeux pleurants emploient leur défense.
  Mais n'y povant ne* force ne présence,
Le Cœur criant par la bouche te prie
De lui aider à si mortelle offense.
  Qui toujours ard*, toujours à l'aide crie

Gant envieux et non sans cause avare
De celle douce et molle neige blanche
Qui me jura désormais être franche*
La liberté qui de moi se sépare,
Ne sens-tu pas le tort qu'elle prépare
Pour se vouloir du devoir désister ?
    Comme témoin devrais solliciter
Qu'elle tâchât, par honorable envie,
De foi promise envers moi s'acquitter,
Ou canceller* l'obligé de ma vie.

CXCIX

Sans lésion le Serpent Royal[1] vit
Dedans le chaud de la flamme luisante,
Et en l'ardeur qui à toi me ravit
Tu te nourris sans offense cuisante ;
Et bien que soit sa qualité nuisante,
Tu t'y complais comme en ta nourriture.
    Ô fusses-tu par ta froide nature
La Salemandre en mon feu résidente !
Tu y aurais délectable pâture
Et éteindrais ma passion ardente.

162

Phébé luisant' par ce Globe terrestre,
Entreposé à sa clarté privée,
De son opaque, argentin et clair estre
Soudainement, pour un temps, est privée.
   Et toi, de qui m'est toujours dérivée
Lumière et vie, étant de moi lointaine
Par l'épaisseur de la terre hautaine
Qui nous sépare en ces hauts Monts[1] funèbres,
Je sens mes yeux se dissoudre en fontaine,
Et ma pensée offusquer en ténèbres.

CCI

Sous doux penser je me vois congeler
En ton ardeur qui tous les jours m'empire,
Et ne se peut désormais plus celer
L'autre Dodone, inconnue à Épire[1],
Où la fontaine, en froideur beaucoup pire
Qu'aux Alpes n'est toute hivernale glace,
Couvre et nourrit si grand' flamme en ta face
Qu'il n'est si froid, bien que tu sois plus froide,
Qu'en un instant ardoir* elle ne fasse
Et en ton feu mourir glacé tout roide.

163

T'ébahis-tu, ô Enfant[1] furieux,
Si diligent la vérité je tente ?
Et l'éprouvant, me dis-tu curieux
À rendre en tout ma pensée contente ?
 Je ne le fais pour abréger l'attente,
Ni pour vouloir d'espoir me délivrer,
Mais je me tâche autant à captiver
La sienne en moi loyale affection,
Comme pour moi je ne la veux priver
De sa naïve et libre intention.

CCIII

Vicissitude en Nature prudente,
Puissant effet de l'éternel Movant,
Serait en tout sagement providente,
Si son retour retardait plus souvent.
 De rien s'émeut et s'apaise le vent
Qui ores★ sort et puis ores★ s'enferme.
Mais par ce cours son povoir ne m'afferme
L'allègement que mes maux avoir pensent.
 Car par la foi en si sainte amour ferme
Avecques l'An mes peines recommencent.

L'Alambic

« Mes pleurs mon feu décèlent. »

Ce haut désir de douce piperie
Me va paissant et, de promesses large,
Veut pallier la mince friperie
D'espoir, attente et telle plaisant' charge,
Desquels sur moi le malin se décharge,
Ne voulant point que je m'en aperçoive.
  Et toutefois, combien que je conçoive
Que doute en moi vacillamment chancelle,
Mes pleurs, afin que je ne me déçoive,
Découvrent lors l'ardeur qu'en moi je cèle.

CCV

Si ne te puis pour étrennes donner
Chose qui soit selon toi belle et bonne,
Et que par fait on ne peut guerdonner*
Un bon vouloir, comme raison l'ordonne,
   Au moins ce don, je le présente et donne,
Sans autre espoir d'en être guerdonné,
Qui, trop heureux, ainsi abandonné,
Est, quant à toi, de bien petite estime,
   Mais, quant à moi qui tout le t'ai donné,
C'est le seul bien, après toi, que j'estime.

CCVI

Lors le suspect[1], agent de jalousie,
Émeut le fond de mes intentions,
Quand sa présence est par celui saisie
Qui a la clef de ses détentions.
Parquoi souffrant si grands contentions,
L'Âme se perd au deuil de tels assauts.
   Deuil, traître occulte, adonques tu m'assaux
Comme victoire à sa fin poursuivie,
Me distillant par l'Alambic des maux
L'haleine ensemble et le pouls de ma vie.

Je m'assurais non tant de liberté,
Heureuse d'être en si haut lieu captive,
Comme toujours me tenait en sûrté
Mon gelé cœur, dont mon penser dérive,
Et si très-froid qu'il n'est flamme si vive
Qu'en bref n'éteigne et que tôt il n'efface.
　　Mais les deux feux de ta céleste face,
Soit pour mon mal, ou certes pour mon heur,
De peu à peu me fondirent ma glace,
La distillant en amoureuse humeur.

CCVIII

Tu cours superbe, ô Rhône, flourissant
En sablon d'or et argentines eaux.
Maint fleuve gros te rend plus ravissant,
Ceint de cités, et bordé de châteaux,
Te pratiquant par sûrs et grands bateaux
Pour seul te rendre en notre Europe illustre.
　　Mais la vertu de ma Dame t'illustre
Plus qu'autre bien qui te fasse estimer.
　　Enfle-toi donc au parfait de son lustre,
Car fleuve heureux plus que toi n'entre en Mer.

CCIX

Pour résister à contrariété
Toujours subtile en sa mordante envie,
Je m'accommode à sa variété,
Soit par civile ou par rustique vie ;
Et si sa pointe est presqu'au but suivie,
Je viens, feignant son coup anticiper.
   Ô quand je puis sa force dissiper
Et puis le fait réduire à ma mémoire,
Vous me verriez alors participer
De celle gloire hautaine en sa victoire

CCX

Donques le Vice à Vertu préféré
Infamera honneur et excellence ?
Et le parler du malin proféré
Imposera à la pure innocence ?
Ainsi le faux, par non punie offense,
Pervertira tout l'ordre de Nature ?
   Dieux aveuglés, si tant est votre injure,
Que par durs mots adjurer il vous faille,
Aidez le vrai, la bonté, la droiture,
Ou qu'avec eux votre aide me défaille.

CCXI

Quand ignorance avec malice ensemble
Sur l'innocent veulent autoriser*,
Toute leur force en fumée s'assemble,
S'épaississant pour s'immortaliser.
Si faible effort ne peut scandaliser
Et moins forcer l'équité de Nature.
    Retirez-vous, Envie et Imposture,
Soit que le temps le vous souffre ou le nie,
Et ne cherchez en elle nourriture,
Car sa foi est venin à Calomnie.

CCXII

Tes beaux yeux clairs foudroyamment luisants
Furent objet à mes pensers unique,
Dès que leurs rais si doucement nuisants
Furent le mal très-saintement inique.
Duquel le coup pénétrant toujours pique,
Croissant la plaie outre plus la moitié.
    Et eux étant doux venin d'amitié,
Qui se nourrit de pleurs, plaints et laments,
N'ont pu donner par honnête pitié
Un tant soit peu de trêve à mes tourments.

MAGE.

TE NVX.

MI DOM-

SI TNVS

La Cognée et l'Arbre

« Te nuisant je me dommage. »

CCXIII

Si droit n'était qu'il ne fût scrupuleux,
Le trait perçant au fond de ma pensée,
Car quand Amour jeunement cauteleux,
Ce me semblait, la finesse* eût pensée,
Il m'engendra une contrepensée,
Pour rendre à lui le lieu inaccessible,
À lui à qui toute chose est possible,
Se laissant vaincre aux plus forcés combats.
  Voici la fraude, ô Archer invincible :
Quand je te cuide* abattre, je m'abats.

Le pratiquer de tant diverses gens,
Sollicitude à mes ardeurs contraire,
Et le pressif* des affaires urgents
N'en peuvent point ma pensée distraire ;
Si vive au cœur la me voulut pourtraire
Celui qui peut nos vouloirs égaler,
Comme il me fait en sa présence aller
Contre l'effort du plus de mes défenses,
Pour l'écouter et en son saint parler
Tirer le sel de ses hautes sentences.

CCXV

Je m'en absente et tant et tant de fois,
Qu'en la voyant, je la me cuide* absente ;
Et si* ne puis bonnement toutefois
Que, moi absent, elle ne soit présente.
Soit* que dédain quelquefois se présente,
Plein de juste ire*, et vienne supplier
Que, pour ma paix, je me veuille allier
À bien qui soit loin de maux tant extrêmes.
　　Mais quand alors je la veux oblier,
M'en souvenant, je m'oblie moi-même.

En divers temps, plusieurs jours, maintes heures,
D'heure en moment, de moment à toujours
Dedans mon Âme, ô Dame, tu demeures,
Toute occupée en contraires séjours.
   Car tu y vis et mes nuits et mes jours,
Voire exemptés des moindres fâcheries ;
Et je m'y meurs en telles rêveries,
Que je m'en sens hautement contenté,
Et si* ne puis refréner les furies
De cette mienne ardente voulenté.

CCXVII

Amour ardent et Cupido bandé[1],
Enfants jumeaux de toi, mère Cypris,
Ont dessus moi leur povoir débandé,
De l'un vaincu et de l'autre surpris.
   Par le flambeau de celui je fus pris
En doux feu chaste et plus que vie aimable.
   Mais de cettui la pointe inexorable
M'incite et point* au tourment où je suis
Par un désir sans fin insatiable,
Tout aveuglé au bien que je poursuis.

CCXVIII

De tous travaux* on attend quelque fin,
Et de tous maux aucun* allégement ;
Mais mon destin pour mon abrégement
Me cherche un bien, trop éloigné confin
De mon espoir, et tout ceci afin
De m'endurcir en longue impatience.
  Bien que j'acquière en souffrant la science
De parvenir à choses plus prospères,
Si* n'est-ce pas, pourtant, qu'en patience
J'exerce* en moi ces deux utérins frères[1].

CCXIX

Autorité de sa grave présence,
En membres apte à tout divin ouvrage,
Et d'elle voir l'humaine expérience,
Vigueur d'esprit et splendeur de courage,
N'émeuvent point en moi si douce rage,
Bien qu'à mon mal soient incitation.
  Mais à mon bien m'est exhortation
Celle vertu qui, à elle commune,
Cherche d'ôter la réputation
À l'envieuse et maligne Fortune.

Délibérer à la nécessité,
Souvent résoudre en périlleuse doute,
M'ont tout et tant l'esprit exercité,
Que bien avant aux hasards je me boute.
    Mais si la preuve en l'occurrente doute
Sur le suspens de comment ou combien,
Ne dois-je pas en tout prévoir si bien,
Que je ne soie au besoin éperdu ?
    Las ! plus grand mal ne peut avoir mon bien
Que pour ma faute être en un rien perdu.

CCXXI

Sur le Printemps que les Aloses montent,
Ma Dame et moi sautons dans le bateau,
Où les Pêcheurs entre eux leur prise comptent,
Et une en prend, qui, sentant l'air nouveau,
Tant se débat qu'enfin se sauve en l'eau,
Dont ma Maîtresse et pleure et se tourmente.
    « Cesse, lui dis-je, il faut que je lamente
L'heur* du Poisson que n'as su attraper,
Car il est hors de prison véhémente,
Où de tes mains ne peux onc* échapper. »

La Selle* et les deux hommes

« Facile à décevoir* qui s'assure. »

CCXXII

Plutôt vaincu, plutôt victorieux,
En face allègre et en chère blêmie ;
Or* sans estime, et ores* glorieux,
Par toi merci, ma cruelle ennemie,
Qui la me rends au besoin endormie,
Laissant sur moi maints martyres pleuvoir.
   Pourquoi veux-tu le fruit d'attente avoir,
Feignant ma paix être entre ses mains sûre ?
   Las ! celui est facile à décevoir*
Qui sur autrui crédulement s'assure.

175

Phébus dorait les cornes du Taureau[1],
Continuant son naturel office ;
L'air tempéré et en son serein beau
Me conviait au salubre exercice.
    Parquoi pensif, selon mon naïf vice,
M'ébattais seul, quand celle me vint contre
Qui devant moi si soudain se démontre
Que par un bref et doux salut de l'œil
Je me défis à si belle rencontre,
Comme rousée au lever du Soleil.

CCXXIV

Novelle amour, novelle affection,
Novelles fleurs parmi l'herbe novelle,
Et, jà passée, encor se renovelle
Ma Primevère* en sa verte action.
    Ce néanmoins la rénovation
De mon vieux mal et ulcère ancienne
Me détient tout en celle saison sienne,
Où le meurtrier m'a meurtri et noirci
Le Cœur si fort que plaie Égyptienne[1]
Et tout tourment me rend plus endurci.

Libre je vais, et retourne libère,
Tout assuré, comme Cerf en campagne,
Selon qu'Amour avec moi délibère,
Même qu'il voit que Vertu m'accompagne,
Vertu, heureuse et fidèle compagne,
Qui tellement me tient tout en saisine*
Que quand la doute ou la peur, sa voisine,
M'accuse en rien*, mon innocence jure,
Que soupeçon n'a aucune racine
Là où le vrai conteste à toute injure.

CCXXVI

Je le conçois en mon entendement,
Plus que par l'œil comprendre je ne puis
Le parfait d'elle, où mon contentement
A su fonder le fort de ses appuis,
Dessus lequel je me pourmène, et puis
Je tremble tout de doute combattu.
 Si je m'en tais, comme je m'en suis tu,
Qui onques* n'eus de lui fruition*,
C'est pour montrer que ne veux sa vertu
Mettre en dispute à la suspicion.

CCXXVII

Pour m'efforcer à dégluer* les yeux
De ma pensée, enracinés en elle,
Je m'en veux taire, et lors j'y pense mieux,
Qui juge en moi ma peine être éternelle.
   Parquoi ma plume au bas vol de son aile
Se démettra de plus en raisonner,
Aussi pour plus hautement résonner,
Veuille le Temps, veuille la Fame*, ou non,
Sa grâce assez, sans moi, lui peut donner
Corps à ses faits, et Âme à son haut nom.

CCXXVIII

Tout en esprit ravi sur la beauté,
De notre siècle et honneur et merveille,
Celant en soi la douce cruauté,
Qui en mon mal si plaisamment m'éveille,
Je songe et vois, et voyant m'émerveille
De ses doux ris et élégantes mœurs.
   Les admirant, si doucement je meurs,
Que plus profond à y penser je rentre ;
Et y pensant, mes silentes* clameurs
Se font ouïr et des Cieux et du Centre.

Dans son poli, le tien Cristal opaque,
Luisant et clair, par opposition
Te reçoit toute, et puis son lustre vaque
À te montrer en sa réflexion.

   Tu y peux voir, sans leur perfection,
Tes mouvements, ta couleur et ta forme.

   Mais ta vertu, aux Grâces non difforme,
Te rend en moi si représentative
Et en mon cœur si bien à toi conforme,
Que plus que moi tu t'y trouverais vive.

CCXXX

Quand je te vis orner ton chef doré,
Au clair miroir mirant plus claire face,   *Narcissus.*
Il fut de toi si fort enamouré,
Qu'en se plaignant, il te dit à voix basse :
« Détourne ailleurs tes yeux, ô l'outrepasse* !
— Pourquoi ? dis-tu, tremblant d'un ardent zèle.
— Pource, répond, que ton œil, Damoiselle,   *heart*
Et ce divin et immortel visage   *usurps*
Non seulement les hommes brûle et gèle,
Mais moi aussi, où est ta propre image. »

La Licorne qui se voit[1]

« De moi je m'épouvante. »

CCXXXI

Incessamment mon grief martyre tire
Mortels esprits de mes deux flancs malades.
Et mes soupirs de l'Âme triste attire,
Me réveillant toujours par les aubades
De leurs sanglots, trop dégoûtément fades,
Comme de tout ayant nécessité,
Tant que réduit en la perplexité,
À y finir l'espoir encor se vante.
   Parquoi troublé de telle anxiété,
Voyant mon cas, de moi je m'épouvante.

CCXXXII

Tout le repos, ô nuit, que tu me dois,
Avec le temps mon penser le dévore,
Et l'Horologe est compter sur mes doigts,
Depuis le soir jusqu'à la blanche Aurore.
　　Et sans du jour m'apercevoir encore,
Je me perds tout en si douce pensée
Que du veiller l'Âme non offensée
Ne souffre au Corps sentir celle douleur
De vain espoir toujours récompensée,
Tant que ce Monde aura forme et couleur.

CCXXXIII

Contour des yeux, et pourfile du nez
Et le relief de sa vermeille bouche
N'est point le plus en moi bien fortuné,
Qui si au vif jusques au cœur me touche ;
　　Mais la naïve et assurée touche,
Où je m'éprouve en toute affection,
C'est que je vois, sous sa discrétion,
La chasteté conjointe avec beauté,
Qui m'endurcit en la perfection
Du Diamant de sa grand' loyauté.

CCXXXIV

Tout désir est dessus espoir fondé ;
Mon espérance est, certes, l'impossible,
En mon concept si fermement sondé★,
Qu'à peine suis-je en mon travail★ passible★.
    Vois donc, comment il est en moi possible
Que paix se trouve avecques assurance ?
    Parquoi mon mal, en si dure souffrance,
Excède en moi toutes autres douleurs,
Comme sa cause, en ma persévérance,
Surmonte en soi toutes hautes valeurs.

CCXXXV

Au moins toi, claire et heureuse fontaine,
Et vous, ô eaux fraîches et argentines,
Quand celle en vous, de tout vice lointaine,
Se vient laver ses deux mains ivoirines,
Ses deux Soleils[1], ses lèvres corallines,
De Dieu créés pour ce Monde honorer,
Devriez garder, pour plus vous décorer,
L'image d'elle en vos liqueurs profondes.
    Car plus souvent je viendrais adorer
Le saint miroir de vos sacrées ondes.

Bienheureux champs et ombrageux Coteaux,
Prés verdoyants, vallées flourissantes,
En vos déduits* ici-bas et là-haut
Et parmi fleurs non jamais flétrissantes,
Vous détenez mes joies périssantes,
Celle occupant que les avares Cieux
Me cachent ore* en vos seins précieux,
Comme enrichis du trésor de Nature,
Où, mendiant, je me meurs soucieux
Du moindre bien d'une telle aventure.

CCXXXVII

Cuidant ma Dame un rayon de miel prendre,
Sort une Guêpe, âpre comme la Mort,
Qui l'aiguillon lui fiche en sa chair tendre ;
Dont de douleur le visage tout mort,
« Ha, ce n'est pas, dit-elle, qui me mord
Si durement, cette petite Mouche ;
J'ai peur qu'amour sur moi ne s'escarmouche.
— Mais que crains-tu ? lui dis-je brièvement,
Ce n'est point lui, Belle : car quand il touche,
Il point* plus doux, aussi plus grièvement. »

CCXXXVIII

Ta cruauté, Dame, tant seulement
Ne m'a ici relégué en cette Île,
Barbare à moi, ains trop cruellement
M'y lie et tient si faiblement débile,
Que la mémoire, assez de soi labile*,
Me croît sans fin mes passions honteuses ;
Et n'ai confort que des Sœurs dépiteuses[1]
Qui, pour m'aider, à leurs plaintes labeurent,
Accompagnant ces fontaines piteuses*,
Qui sans cesser avec moi toujours pleurent.

CCXXXIX

Par long prier, l'on mitigue* les Dieux,
Par l'oraison la fureur de Mars cesse,
Par long sermon, tout courage odieux
Se pacifie, et par chansons tristesse
Se tourne à joie, et par vers l'on oppresse,
Comme enchantés, les venimeux Serpents.
  Pourquoi, ô Cœur, en larmes te dépends*
Et te dissous en rime pitoyable,
Pour émouvoir celle dont tu dépends,
Même qu'elle est de durté incroyable ?

La Vipère qui se tue[1]

« Pour te donner vie je me donne mort. »

CCXL

Ma voulenté, réduite au doux servage
Du haut vouloir de ton commandement,
Trouve le joug, à tous autres sauvage,
Le Paradis de son contentement.
   Pource asservit ce peu d'entendement,
Afin que Fame★ au Temps impérieuse,
Maugré Fortune et force injurieuse,
Puisse montrer servitude non feinte,
Me donnant mort saintement glorieuse,
   Te donner vie immortellement sainte.

CCXLI[1]

Ce n'est point ci, Pèlerins, que mes vœux
Avecque vous diversement me tiennent.
Car vous vouez, comme pour moi je veux,
À Saints piteux*, qui vos désirs obtiennent.
Et je m'adresse à Dieux qui me détiennent,
Comme n'ayant mes souhaits entendus.

    Vous, de vos vœux heureusement rendus,
Grâces rendez, vous mettant à danser ;
Et quand les miens, iniquement perdus,
Dussent finir, sont à recommencer.

CCXLII

En ce saint lieu, Peuple dévotieux,
Tu as pour toi sainteté favorable ;
Et à mon bien étant négotieux*,
Je l'ai trouvée à moi inexorable.

    Jà reçois-tu de ton Ciel amiable
Plusieurs bienfaits et maints émoluments,
Et moi plaints, pleurs, et pour tous monuments
Me reste un Vent de soupirs excité,
Chassant le son de vos doux instruments
Jusqu'à la double et fameuse Cité[1].

Ces tiens, non yeux, mais étoiles célestes,
Ont influence[1] et sur l'Âme et le Corps ;
Combien qu'au Corps ne me soient trop molestes,
En l'Âme, las ! causent mille discords,
Mille débats, puis soudain mille accords,
Selon que m'est ma pensée agitée.
    Parquoi vaguant en Mer tant irritée
De mes pensers, tumultueux tourment,
Je suis ta face, où ma Nef incitée
Trouve son feu qui son Port ne lui ment.

CCXLIV

Si je vais seul, sans sonner mot ne* dire,
Mon peu parler te demande merci ;
Si je pâlis à coup, comme plein d'ire*,
À mort me point* ce mien aigre souci ;
Et si pour toi je vis mort ou transi,
Las ! comment puis-je aller et me movoir ?
    Amour me fait, par un secret povoir,
Jouir d'un cœur qui est tout tien ami,
Et le nourris, sans point m'apercevoir
Du mal que fait un privé ennemi.

Mes tant longs jours et languissantes nuits
Ne me sont fors★ une peine éternelle :
L'Esprit, éteint de cures et ennuis,
Se renovelle en ma guerre immortelle.
    Car tout je sers et vis en Dame telle,
Que le parfait, dont sa beauté abonde,
Enrichit tant cette Machine ronde
Que qui la voit sans mourir, ne vit point ;
Et qui est vif sans la savoir au Monde,
Est trop plus mort que si Mort l'avait point★.

CCXLVI

Si de mes pleurs ne m'arrousais ainsi
L'Aure★ ou le Vent en l'air me répandroit,
Car jà mes os, dénués de merci,
Percent leur peau, toute arse★ en maint endroit.
    Quel los★ aurait qui sa force étendroit,
Comme voulant contre un tel mort prétendre ?
    Mais veux-tu bien à piteux★ cas entendre,
Œuvre très-pie, et venant à propos ?
Cette dépouille en son lieu veuilles rendre,
Lors mes amours auront en toi repos.

CCXLVII

Nature en tous se rendit imparfaite,
Pour te parfaire et en toi se priser. — to appraise
Et toutefois Amour, forme parfaite,
Tâche à la foi plus qu'à beauté viser.

  Et pour mon dire au vrai autoriser,
Vois seulement les Papegaux* tant beaux
Qui d'Orient, delà les Rouges eaux,
Passent la Mer en cette Europe froide,
Pour s'accointer des noirs et laids Corbeaux
Dessous la Bise impétueuse et roide[1].

CCXLVIII

Ce mien languir multiplie la peine
Du fort désir dont tu tiens l'espérance,
Mon ferme aimer t'en fait sûre et certaine
Par long travail, qui donna l'assurance.

  Mais toi, étant fière de ma souffrance,
Et qui la prends pour ton ébattement,
Tu m'entretiens en ce contentement,
Bien qu'il soit vain, par l'espoir qui m'attire,
Comme vivant tout d'un sustantement,
Moi de t'aimer, et toi de mon martyre.

Le Fourbisseur

« Mon travail donne à deux gloire. »

CCXLIX

En permettant que mon si long peiner,
Pour* s'exercer, jamais ne diminue,
Très-aisément te peut acertener*
Qu'en fermeté ma foi il insinue,
Afin qu'étant devant toi ainsi nue,
Tu sois un jour clairement connoissant
Que mon travail* sans cesse angoissant
Et tressuant à si haute victoire,
Augmente à deux double loyer croissant,
À moi mérite, à toi louange et gloire.

Le jeune Archer veut chatouiller Délie
Et, se jouant, d'une épingle se point*.
Lors tout soudain de ses mains se délie,
Et puis la cherche et voit de point en point.
  La visitant lui dit : « Aurais-tu point
Traits, comme moi, poignant* tant âprement ? »
Je lui réponds : « Elle en a voirement
D'autres assez, dont elle est mieux servie.
  Car par ceux-ci le sang bien maigrement,
Et par les siens tire et l'âme et la vie[1]. »

CCLI[1]

Au commun plaint ma joie est convertie
De deuil privé en mon particulier,
Par la Fortune en mon sort compartie*,
Quasi pour moi un malheur familier
Qui m'a frustré de ce bien singulier
Par qui raison contre devoir opine.
  Donques, voyant la très-riche rapine
En main d'autrui, indigne d'elle, enclose,
De mon labeur me faut cueillir l'Épine
Au los* et heur de qui a eu la Rose.

CCLII

Le Ciel, de soi communément avare,
Nous a ci-bas heureusement transmis
Tout le haut bien de perfection rare,
Duquel il s'est totalement démis,
Comme qui veut ses chers et saints amis
D'aucun bienfait hautement prémier*.
   Car il a plu¹ — non de ce coutumier —
Toute Vertu en ces bas lieux terrestres,
Sous ce grand Roi, ce grand FRANÇOIS premier,
Triomphateur des armes et des lettres.

CCLIII

Par tes vertus excellentement rares,
Tu anoblis, ô grand Roi, ce grand Monde.
Parquoi ce Siècle, aux précédents barbares,
S'enfle du bien que par toi lui abonde ;
Et l'Univers cline* sa tête ronde
À ta statue, aux Cieux resplendissante,
En contemplant la Fame* qui lui chante,
L'Éternité qui toujours lui écrit,
La Gloire aussi qui à l'orner se vante
Par temps qui n'a aucun terme prescrit.

CCLIV

Si le blanc pur est Foi immaculée,
Et le vert gai est joyeuse Espérance,
Le rouge ardent, par couleur simulée,
De Charité est la signifiance[1] ;
Et si ces trois de diverse substance,
Chacune en soi, ont vertu spéciale,
Vertu étant divinement Royale,
Où pourra-t-on, selon leur haut mérite,
Les allier en leur puissance égale,
Sinon en une et seule Marguerite[2] ? *perle*

CCLV

De la claire onde issant* hors Cytharée[1],
Parmi Amours d'aimer non résolue,
En volupté non encor égarée,
Mais de pensée et de fait impollue*,
Lorsque Procné[2] le beau Printemps salue
Et la Mer calme aux vents plus ne s'irrite,
Entre plusieurs vit une marguerite*[3]
Dans sa Coquille, et la prenant : « J'élis
Cette, dit-elle, en prix, lustre et mérite,
Pour décorer, un temps viendra, le Lys[3]. »

193

CCLVI

Pauvre de joie et riche de douleur
On me peut voir tous les jours augmentant ;
Augmentant, dis-je, en cet heureux malheur,
Qui va toujours mon espoir alentant*,
Et de mon pire ainsi me contentant,
Que l'espérance à l'heure plus me fâche,
Quand plus au but de mon bien elle tâche.
Dont n'est plaisir, ni doux concent* que j'oie,
Qui ne m'ennuie, encore que je sache
Toute tristesse être veille de joie.

CCLVII

Tu es, Miroir, au clou toujours pendant,
Pour son image en ton jour recevoir ;
Et mon cœur est auprès d'elle attendant,
Qu'elle le veuille au moins apercevoir.
    Elle souvent, ô heureux, te vient voir,
Te découvrant secrète et digne chose,
Où* regarder ne le[1] daigne, et si* ose
Ouir ses pleurs, ses plaints et leur séquelle.
Mais toute dame en toi peut être enclose,
Où* dedans lui[1] autre entrer n'y peut, qu'elle.

La Scie

« Force peu à peu me mine. »

CCLVIII

Le Cœur, de soi faiblement résolu,
Souffrait assez la chatouillant' pointure
Que le trait d'or, fraîchement émoulu,
Lui avait fait sans aucune ouverture
    Mais liberté, sa propre nourriture,
Pour expugner⋆ un tel assemblement,
D'être né libre et fait serf amplement,
Y obviait par mainte contremine,
Quand cet Archer, tirant tant simplement,
Montra que force enfin, peu à peu, mine.

CCLIX

De toute Mer tout long et large espace,
De Terre aussi tout tournoyant circuit,
Des Monts tout terme en forme haute et basse,
Tout lieu distant, du jour et de la nuit,
Tout intervalle, ô qui par trop me nuit,
Seront remplis de ta douce rigueur.
   Ainsi passant des Siècles la longueur,
Surmonteras la hauteur des Étoiles
Par ton saint nom qui, vif en ma langueur,
Pourra partout nager à pleines voiles.

CCLX

Sur frêle bois d'outrecuidé* plaisir
Nageai en Mer de ma joie aspirée
Par un long temps et assuré plaisir
Bien près du Port de ma paix désirée.
   Ores* fortune, envers moi conspirée,
M'a éveillé cet orage outrageux,
Dont le fort vent de l'espoir courageux,
Du vouloir d'elle et du Havre me prive,
Me contraignant, sous cet air ombrageux,
Vaguer en gouffre où n'y a fond ne rive.

196

Opinion, possible, mal fondée
Fantasia* sur moi je ne sais quoi ;
Parquoi à coup l'aigreur m'est redondée*
De ses dédains, et si* ne sais pourquoi.
    Je m'examine et pense à part tout coi*,
Si par malice ou par inadvertance
J'ai rien commis : mais sans point de doutance
Je trouve bien que celui se désaime
Qui erre en soi par trop grande constance,
Mais quelle erreur, sinon que trop il aime ?

CCLXII

Je vais cherchant les lieux plus solitaires,
De désespoir et d'horreur habités,
Pour de mes maux les rendre secrétaires,
Maux de tout bien, certes, déshérités,
Qui de me nuire et autrui usités,
Font encor peur, même à la solitude,
Sentant ma vie en telle inquiétude
Que plus fuyant, et de nuit et de jour,
Ses beaux yeux saints, plus loin de servitude
À mon penser sont ici doux séjour.

CCLXIII

Pourquoi fuis ainsi vainement celle
Qui de mon âme a eu la meilleur' part ?
Quand, m'éloignant, tant à moi suis rebelle
Que de moi fais, et non d'elle, départ.
   Soit que je sois en public ou à part,
Ses faits, ses dits sont à moi évidents
Et en son froid tellement résidents,
Que loin encor, je souffre en leur mêlée,
Où*, étant près, par mes soupirs ardents
J'échaufferais sa pensée gelée.

CCLXIV

La Mort pourra m'ôter et temps et heure,
Voire encendrir* la mienne arse* dépouille ;
Mais qu'elle fasse enfin que je ne veuille
Te désirer, encor que mon feu meure ?
Si grand povoir en elle ne demeure.
   Tes fiers dédains, toute ta froide essence,
Ne feront point, me niant ta présence,
Qu'en mon penser audacieux ne vive,
Qui, maugré Mort, et maugré toute absence,
Te représente à moi trop plus que vive.

CCLXV

Tous temps je tombe entre espoir et désir,
Toujours je suis mêlé de doute et crainte,
Tous lieux me sont ennui et déplaisir,
Tout libre fait m'est esclave contrainte,
Tant est ma vie à la présence astreinte
De celle-là, qui n'en a point souci.
   Viens, Dame, viens : assez as éclairci
Ces champs heureux, où à présent séjourne
Ton Orient, et en la Ville ici
Jamais, sans toi, à mes yeux ne s'ajourne.

CCLXVI

De mon clair jour je sens l'Aube approcher,
Fuyant la nuit de ma pensée obscure.
Son Crépuscule à ma vue est si cher,
Que d'autre chose elle n'a ores* cure.
Jà son venir à échauffer procure*
Le mortel froid, qui tout me congelait.
   Voyez, mes yeux, le bien que vous celait
Sa longue absence, en présence tournée :
Repaissez donc, comme le Cœur soulait*,
Vous loin privés d'une telle journée.

Cleopatra et ses serpents

« Assez vit qui meurt quand veut. »

CCLXVII

Au doux record* de son nom, je me sens
De part en part l'esperit* trépercer
Du tout en tout, jusqu'au plus vif du sens :
Toujours, toute heure, et ainsi sans cesser
Faudra finir ma vie, et commencer
En cette mort inutilement vive.
   Mais si les Cieux telle prérogative
Lui ont donné, à quoi en vain soupire ?
Jà ne faut donc que de moi je la prive,
Puisqu'assez vit qui meurt quand il désire.

CCLXVIII

À son Amour, la belle aux yeux aigus
Fait un bandeau d'un crêpe de Hollande,
Lequel elle œuvre, et de plumes d'Argus
Le va semant par subtilité grande.
   Adonc l'Enfant ébahi lui demande :
« Pourquoi mets-tu en ce lieu des yeux feints[1] ?
— C'est pour montrer, lui dis-je, que tu feins
De ne voir point contre qui tu sagettes* ;
Car, sans y voir, parmi tant de coups vains
Elle eût senti, quelquefois, tes sagettes*. »

CCLXIX

Ces deux Soleils nuisamment pénétrants
Qui de mon vivre ont eu si long Empire,
Par l'œil au Cœur tacitement entrant,
Croissent le mal, qui au guérir m'empire.
   Car leur clarté, éblouissamment pire,
À son entrée en ténèbres me met,
Puis leur ardeur en joie me remet,
M'éclairant tout au fort de leurs alarmes
Par un espoir, qui rien mieux ne promet
Qu'ardents soupirs, éteints en chaudes larmes.

CCLXX

Amour, lustrant* tes sourcils ébénins,
Avecque toi contre moi se conseille,
Et se montrant humainement bénins,
Le moindre d'eux mille morts m'appareille.
    Arcs de structure en beauté nonpareille,
À moi jadis immortel argument[1],
Vous êtes seul et premier instrument
Qui liberté et la raison offense.
    Car qui par vous conclut résolument
Vivre en autrui, en soi mourir commence.

CCLXXI

J'espère et crains que l'espérance excède
L'intention qui m'incite si fort.
Car jà mon cœur tant sien elle possède,
Que contre peur il ne fait plus d'effort.
    Mais sûrement, et sans aucun renfort,
Ores* ta face, ores* le tout il lustre* ;
Et lui suivant de ton corps l'ordre illustre,
Je quiers* en toi ce qu'en moi j'ai plus cher.
Et bien qu'espoir de l'attente me frustre,
Point ne m'est grief en autrui me chercher.

CCLXXII

Toujours mourant, toujours me trouve sain,
Tremblant la fièvre en moi continuelle,
Qui doucement me consomme le sein
Par la chaleur d'elle perpétuelle,
Que de sa main de froideur mutuelle
Celle repaît, ainsi qu'oiseau en cage.
   Aussi, ô Gants, quand vous levai pour gage,
Et le baiser qu'au rendre vous donnai
Me fut heureux, toutefois dur présage :
Car lors ma vie et moi abandonnai.

CCLXXIII

Toute douceur d'Amour est détrempée
De fiel amer et de mortel venin,
Soit* que l'ardeur en deux cœurs attrempée*
Rende un vouloir mutuel et bénin.
   Délicatesse en son doux fémenin
Avec ma joie a d'elle pris congé.
   Fais donc que j'aie, ô Apollo, songé
Sa fièvre avoir si grand' beauté ravie,
Et que ne voie en l'Océan plongé,
Avant le soir, le Soleil de ma vie.

Si poignant est l'éperon de tes grâces,
Qu'il m'aiguillonne ardemment où il veut,
Suivant toujours ses vertueuses traces,
Tant que sa pointe inciter en moi peut
Le haut désir qui, jour et nuit, m'émeut
À labourer au joug de loyauté.
    Et tant dur est le mors de ta beauté,
Combien encor que tes vertus l'excellent,
Que sans en rien craindre ta cruauté,
Je cours soudain où mes tourments m'appellent.

Pour m'incliner souvent à celle image
De ta beauté, émerveillable Idée,
Je te présente autant de fois l'hommage
Que toute loi, en faveur décidée,
Te peut donner. Parquoi ma foi guidée
De la raison, qui la me vient meurant*,
Soit que je sorte ou soie demeurant,
Révéremment, te voyant, te salue,
Comme qui offre, avec son demeurant,
Ma vie aux pieds de ta haute value.

Le Papillon et la Chandelle

« En ma joie douleur. »

CCLXXVI

Voyez combien l'espoir, pour trop promettre,
Nous fait en l'air, comme Corbeaux, muser ;
Voyez comment en prison nous vient mettre,
Cuidant* nos ans en liberté user[1],
Et d'un désir si glueux abuser,
Que ne pouvons de lui nous dessaisir.
  Car pour le bien que j'en ai pu choisir,
Sinistrement élu à mon malheur,
Où je pensais trouver joie et plaisir,
J'ai rencontré et tristesse et douleur.

205

Bien eût voulu Apelles[1] être en vie
Amour ardent de se voir en Portrait ;
Et toutefois si bon Peintre il convie,
Que par prix fait à son vouloir l'attrait.
  Jà Bénédict[2] achevait arc et trait,
Cuidant* l'avoir doctement retiré,
Quand par la main soudain l'ai retiré :
« Cesse, lui dis-je, il faut faire autrement.
  Pour bien le peindre ôte ce trait tiré,
Et peins au vif Délie seulement. »

Qui veut savoir, par commune évidence,
Comme l'on peut soi-mêmes oblier,
Et, sans mourir, prouver l'expérience,
Comment du Corps l'Âme on peut délier,
Vienne ouir cette, et ses dits déplier*,
Parole sainte en toute éjouissance,
En qui Nature a mis, pour sa plaisance,
Tout le parfait de son divin ouvrage,
Et tellement, certes, qu'à sa naissance
Renovela le Phénix de notre âge.

CCLXXIX

Combien encor que la discrétion
Et jugement de mon sens ne soit moindre
Que la douleur de mon affliction
Qui d'avec moi la raison vient déjoindre,
Je puis, pourtant, à la mémoire adjoindre
Le souvenir de ton divers accueil,
Ores* en doux, or* en triste réveil
De destinée à mon malheur suivie,
Me détenant en un même cercueil,
Toujours vivant, toujours aussi sans vie.

CCLXXX

Que ne suis donc en mes Limbes, sans deuil,
Comme sans joie, où bien vivre[1] insensible ?
Voulant de toi dépendre, et de mon veuil,
Je veux résoudre en mon fait l'impossible.
   Car en ton froid, par chaud inconvincible*,
Je veux l'ardeur de mon désir nourrir,
Et, vainquant l'un, à l'autre recourir,
Pour toujours être autant tout mien que tien :
Parquoi vivant en un si vain maintien,
Je meurs toujours doucement sans mourir.

CCLXXXI

En son habit tant humainement cointe*,
En son humain tant divinement sage,
En son divin tant à vertu conjointe,
En sa vertu immortel personnage.
   Et si la Mort, quelque temps, perd son âge
Pour derechef vivre immortellement,
C'est qu'elle vive a vécu tellement,
Que par trépas ne mourra désormais,
Afin qu'au mal, qui croît journellement,
Toujours mourant je ne meure jamais.

CCLXXXII

Basse Planète[1] à l'envi de ton frère,
Qui s'exercite en son chaud mouvement,
Tu vas lustrant* l'un et l'autre Hémisphère,
Mais dessous lui, aussi plus brièvement.
   Tu as regard[2] plus intentivement
À humecter les feuilles et les fleurs ;
Et cette-ci, par mes humides pleurs,
Me reverdit ma flétrie espérance.
   Aux patients tu accroîs leurs douleurs ;
Et cette augmente en moi ma grand' souffrance.

Tant de sa forme elle est moins curieuse*,
Quand plus par l'œil de l'Âme elle connaît
Que la ruine au temps injurieuse
Perdra le tout, où plus l'on s'adonnait.
   Donques ainsi elle se reconnaît,
Que son mortel est du vif combattu ?
Certes, étant ton corps faible abattu,
Par un devoir de voulenté libère
Adoreront ta divine vertu
Et Tanaïs[1] et le Nil et l'Ibère.

CCLXXXIV

Mansuétude en humble gravité
La rend ainsi à chacun agréable,
Être privée en affabilité
La fait de tous humainement aimable ;
Et modestie, en ces faits raisonnable,
Montre qu'en soi elle a plus que de femme.
   Postérité, d'elle privée, infâme,
Barbares gens, du Monde divisés,
Outre Thulé[1] et le Temps et la Fame*
Alterneront ses hauts honneurs prisés.

Le Muletier

« Double peine a qui pour autrui se lasse. »

CCLXXXV

De fermeté plus dure que Diapre*
Ma loyauté est en toi émaillée,
Comme statue à l'ébaucher toute âpre,
Et puis de Stuc poliment entaillée*,
Par foi en main de constance baillée
Tu l'adoucis, et jà reluit très bien.
  Âme enivrée au moût d'un si haut bien,
Qui en son fait plus qu'au mien m'entrelasse,
Ne sais-tu pas, même en amours, combien
Double peine a qui pour autrui se lasse ?

Nous ébatant, ma Dame et moi, sur l'eau,
Voici Amour qui vint les joutes voir :
« Veux-tu, dit-il, connaître bien et beau
Si tu pourras d'elle victoire avoir ?
Élis, le mieux que tu pourras savoir,
L'un de ceux-ci », et les joutants me montre.
    Et quand je vis qu'ils s'entrevenaient contre,
Je pris le haut pour plus grande assurance ;
Mais tout soudain à cette âpre rencontre
Fut renversé avec mon espérance.

Fortune enfin te pút domestiquer,
Ou les travaux de ma si longue quête,
Te contraignant, par pitié, d'appliquer
L'oreille sourde à ma juste requête.
Tu l'exauças, et ce pour la conquête
Du vert Printemps que sous ta main usai.
Et si alors à grand tort accusai
Ta familière et humaine nature,
Et privément, peut-être, en abusai,
Ta coulpe fut, et ma bonne aventure.

CCLXXXVIII

Plus je poursuis, par le discours des yeux,
L'art et la main de telle portraiture,
Et plus j'admire et adore les Cieux,
Accomplissant si belle Créature,
Dont le parfait de sa linéature
M'émeut le sens et l'imaginative,
Et la couleur, du vif imitative,
Me brûle et ard* jusques à l'esprit rendre.
  Que deviendrais-je en la voyant lors vive ?
Certainement je tomberais en cendre.

CCLXXXIX

Presque sorti de toute obéissance,
Je ne sais quoi le sens me barbouillait ;
Et jà remis en ma libre puissance,
Le jeune sang tout au corps me bouillait.
Nouveau plaisir alors me chatouillait
De liberté et d'une joie extrême.
  Mais ma jeunesse, en licence suprême,
Quand seulement commençais à venir,
Me contraignit à m'oblier moi-même
Pour mieux povoir d'autrui me souvenir.

CCXC

Comme gelée au monter du Soleil
Mon âme sens, qui toute se distille
Au rencontrer le rayant* de son œil,
Dont le povoir me rend si fort débile,
Que je deviens tous les jours moins habile
À résister aux amoureux traits d'elle.

   En la voyant ainsi plaisamment belle,
Et le plaisir croissant de bien en mieux
Par une joie inconnue et novelle,
Que ne suis donc, plus qu'Argus, tout en yeux ?

CCXCI

Le Peintre peut de la neige dépeindre
La blancheur telle, à peu près, qu'on peut voir ;
Mais il ne sait à la froideur atteindre,
Et moins la faire à l'œil apercevoir.
   Ce me serait moi-même décevoir,
Et grandement me pourrait l'on reprendre,
Si je tâchais à te faire comprendre
Ce mal qui peut voire l'Âme opprimer,
Que d'un objet, comme peste, on voit prendre,
Qui mieux se sent qu'on ne peut exprimer.

De ton saint œil, Fusil* sourd de ma flamme,
Naît le grand feu qui en mon cœur se cèle ;
Aussi par l'œil il y entre et l'enflamme,
Avecques morte et couverte étincelle,
Me consumant, non les flancs, non l'aisselle,
Mais celle part qu'on doit plus estimer
Et qui me fait, maugré moi, tant aimer,
Qu'en moi je dis telle ardeur être douce,
Pour non, en vain, l'occasion blâmer
Du mal qui tout à si haut bien me pousse.

CCXCIII

Celle régit le frein de ma pensée,
Autour de qui Amour pleut arcs et traits
Pour des Cieux être au meurtre dispensée,
Par qui à soi elle a tous cœurs attraits*
Et tellement de toute autre distraits,
Qu'en elle seule est leur désir plus haut.
    Et quant à moi qui sais qu'il ne lui chaut,
Si je suis vif ou mort ou en extase*,
Il me suffit pour elle en froid et chaud
Souffrir heureux douce antipéristase*.

Le Chat et la ratière

« La prison m'est dure, encore plus liberté. »

CCXCIV

À quoi[1] prétendre issir★ librement hors
D'une si douce et plaisant' servitude ?
Vu que Nature et en l'Âme et au Corps
En a jà fait, voire telle habitude,
Que plutôt veut toute sollicitude★
Que liberté, loisir et leurs complices.
    Car en quittant Amour et ses délices,
Par Mort serais en ma joie surpris.
Parquoi enclos en si douteuses lices,
Captif je reste, et sortant je suis pris.

215

CCXCV

Ores* cornue, ores* pleinement ronde,
Comme on te voit amoindrir et recroître,
Tu vas, Errante, environnant le Monde,
Non pour ci-bas aux mortels apparoître,
Mais pour nos faits plus amplement connoître,
Soit en défauts ou accomplissements.
  Aussi tu vois les doux chérissements
De tous Amants, et leurs chères étreintes ;
Tu ois aussi leurs remerciements,
Où* de moi seul tu n'entends que mes plaintes.

CCXCVI

Tes cheveux d'or annelés et errants
Si gentiment dessus ton Soleil dextre[1]
Sont les chaînons étroitement serrant
De mille Amants l'heureux et mortel estre.
  Bien qu'entre nous ne soit plus cher que d'estre
Et tout en soi vivre amiablement,
Si tends-je bien, et raisonnablement,
Dessous tels lacs ma vie être conduite,
Voire y finir, tant honorablement
Je veux périr en si haute poursuite.

CCXCVII

Si, tant soit peu, dessus ton saint Portrait
L'œil et le sens aucunement* je boute,
De tout ennui je suis alors distrait,
Car ta figure à moi s'adonne toute.
    Si je lui parle, intentive elle écoute,
Se souriant à mes chastes prières.
    Idole mienne, ou fais que ses mœurs fières
Celle-là puisse en humaines changer,
Ou bien reprends ses superbes manières,
Pour non, ainsi m'abusant, m'étranger*.

CCXCVIII

Est-il possible, ô vaine Ambition,
Que les plus grands puissent outrecuider*
Si vainement, que la fruition*,
N'ayant povoir de leurs combles vider,
Les vienne ainsi d'avarice brider,
Que moins ils ont quand plus cuident* avoir ?
    Aussi Fortune en leur plus haut povoir
Se feint de honte être ailleurs endormie,
Comme à chacun évidemment fit voir
Celle Province aux Charles ennemie[1].

217

CCXCIX

Pour* non ainsi te découvrir soudain
L'entier effet de ce mien triste deuil,
Naît le plaisir, qui se meurt par dédain,
Comme au besoin n'ayant eu doux accueil,
Et défaillant la crainte, croît mon veuil,
Qui de sa joie en moi se désespère.
    Donc si par toi, destinée prospère,
Le cœur craintif, comme tu m'admonestes,
Toujours plus m'ard* cependant qu'il espère,
Digne excuse est à mes erreurs honnestes.

CCC

Par mes soupirs Amour m'exhale l'Âme,
Et par mes pleurs la noie incessamment.
Puis ton regard à sa vie l'enflamme,
Renovelant en moi plus puissamment.
    Et bien qu'ainsi elle soit plaisamment,
Toujours au Corps son tourment elle livre,
Comme tous temps renaît, non pour revivre
Mais pour plutôt derechef remourir.
    Parquoi jamais je ne me vois délivre
Du mal, auquel tu me peux secourir.

On me disait que pour* la converser*,
Plus la verrais de pitié nonchalante :
Et je lui vis clairs cristallins verser
Par l'une et l'autre étoile étincelante,
Soupirs sortir de son âme bouillante,
Mais je ne sais par quelle occasion.
  Fût de courroux ou de compassion,
Je sentis tant ses pleurs à moi se joindre,
Qu'en lieu d'ôter mon altération,
M'accrurent lors un autre feu non moindre.

Amour pleurait, voire* si tendrement,
Qu'à larmoyer il émut ma Maîtresse,
Qui, avec lui pleurant amèrement,
Se distillait en larmes de détresse.
  Alors l'Enfant d'une éponge les presse
Et les reçoit, et sans vers moi se feindre :
« Voici, dit-il, pour ton ardeur éteindre ».
Et, ce disant, l'éponge me tendit.
  Mais la cuidant* à mon besoin étreindre,
En lieu d'humeur flammes elle rendit.

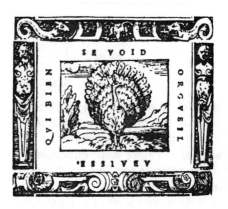

Le Paon

« Qui bien se voit orgueil abaisse. »

CCCIII

Cet Œil du Monde[1], universel spectacle
Tant révéré de Terre, Ciel et Mer,
En ton miroir, des miracles miracle,
Il s'aperçoit justement déprimer,
Voyant en toi les Grâces s'imprimer
Trop mieux qu'en lui notre face à le voir.
   Parquoi tel tort ne povant recevoir,
S'enfuit de nous, et ce Pôle froid laisse,
Tacitement te faisant assavoir
Que, qui se voit, l'enflé d'orgueil abaisse.

CCCIV

Apparaissant l'Aube de mon beau jour,
Qui rend la Mer de mes pensers paisible,
Amour vient faire en elle doux séjour,
Plus fort armé, toutefois moins noisible.

Car à la voir alors il m'est loisible,
Sans qu'il m'en puisse aucunement garder.

Parquoi je viens coup à coup regarder
Sa grand' beauté, et d'un tel appétit,
Qu'à la revoir ne puis un rien tarder,
Me sentant tout en vue trop petit.

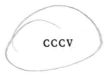

CCCV

Mon âme en Terre, un temps fut, éprouva
Des plus hauts Cieux celle béatitude
Que l'œil heureux en ta face trouva,
Quand il me mit au joug de servitude.

Mais, las ! depuis que ton ingratitude
Me déroba ce tant cher privilège
De liberté, en son mortel Collège
Malheur me tient sous sa puissance grande.

Aussi cet An par Mort, qui tout abrège,
France perdit ce qu'a perdu Hollande[1].

Ta beauté fut premier et doux Tyran,
Qui m'arrêta très-violentement ;
Ta grâce après peu à peu m'attirant,
M'endormit tout en son enchantement ;
Dont assoupi d'un tel contentement,
N'avais de toi ni de moi connaissance.
    Mais ta vertu par sa haute puissance
M'éveilla lors du sommeil paresseux,
Auquel Amour par aveugle ignorance
M'épovantait de maint songe angoisseux.

CCCVII

Plus je la vois, plus j'adore sa face,
Miroir meurtrier de ma vie mourante ;
Et n'est plaisir qu'à mes yeux elle fasse,
Qu'il ne leur soit une joie courante,
Comme qui est de leur mal ignorante,
Et qui puis vient en deuil se convertir.
   —Car du profond du Cœur me fait sortir
Deux grands ruisseaux, procédant d'une veine
Qui ne se peut tarir ne* divertir,
Pour être vive et sourgeante* fontaine.

CCCVIII

La crainte adjoint ailes aux pieds tardifs,
Pour le péril éminent échapper,
Et le désir rend les couards hardis,
Pour à leur blanc* diligemment frapper.
Mais toi, Espoir, tu nous viens attraper,
Pour* nous promettre où aspirer on n'ose.
Parquoi, étant par toi liberté close,
Le seul vouloir petitement idoine
À nos plaisirs, cŏmme le mur, s'oppose
Des deux Amants baisé en Babyloine[1].

CCCIX

Plus pour ébat, que non pour me douloir*
De toujours être en passions brûlantes,
Je contentais mon obstiné vouloir :
Mais je sentis ses deux mains bataillantes,
Qui s'opposaient aux miennes travaillantes
Pour mettre à fin leur honnête désir.
    Ainsi, Enfant, comme tu peux saisir,
Et, quand te plaît, hommes et Dieux conquerre :
Ainsi tu fais, quand te vient à plaisir,
De guerre paix. et de celle paix guerre.

Tu te verras ton ivoire crêper
Par l'outrageuse et tardive Vieillesse.
Lors, sans povoir en rien participer
D'aucune joie et humaine liesse,
Je n'aurai eu de ta verte jeunesse,
Que la pitié n'a su à soi ployer,
Ne★ du travail, qu'on m'a vu employer
À soutenir mes peines éphimères,
Comme Apollo[1], pour mérité loyer,
Sinon rameaux et feuilles très amères.

CCCXI

Assez ne t'est d'avoir mon cœur playé★,
Mais, tout blessé, le tenir en détresse,
Où tout Tiran, fors★ toi, eût essayé,
L'avoir vaincu[1], le jeter hors d'oppresse.
   Et tu lui as, non point comme Maîtresse,
Mais comme sien capital adversaire,
Ôté l'espoir à ce mal nécessaire ;
Lequel par toi si aigrement le mord,
Que se sentant forcé sous tel Coursaire,
Pour★ non mourir toujours, ne craint la Mort.

L'Âne au Molin

« *Fuyant peine, travail me suit.* »

CCCXII

Que je m'ennuie en la certaineté
Sur l'incertain d'un tel fâcheux suspens !
Voire* trop plus qu'en la soudaineté,
Où le hasard de tout mon bien dépend.
   Mais que me vaut si le Cœur se repent ?
Regret du temps prodiguement usé
L'oppresse plus que cet espoir rusé
Qui le moleste et à fin le poursuit.
   Bref, quand j'ai bien de moi-même abusé,
Je fuis la peine, et le travail me suit.

CCCXIII

Grâce et Vertu en mon cœur enflammèrent
Si hauts désirs, et si pudiquement,
Qu'en un saint feu ensemble ils s'allumèrent,
Pour être vu de tous publiquement,
Duquel l'ardeur si moins iniquement
Et Cœur et Corps jusqu'aux moelles gâte,
D'un penser chaste en sorte je l'appâte
Pour antidote, et qui peut secourir,
Que bien souvent ma Cruelle se hâte,
Playant* mon cœur, d'un souris le guérir.

CCCXIV

Souvent Amour suscite douce noise,
Pour tout à celle uniquement complaire,
Qui à m'occire est toujours tant courtoise,
Que ne lui veux et ne saurais déplaire ;
Et si* m'en plains, et bien m'en voudrais taire,
Tant est fâcheux notre plaisant débat.
    Et quand à moi son droit elle débat,
Mon Paradis elle ouvre et lors m'apaise,
Pour non donner aux envieux ébat,
Parquoi je cèle en mon cœur si grand aise.

226

CCCXV

Je m'aime tout au dédain de la haine[1],
Où toutefois je ne l'ose irriter,
Si doucement elle est de courroux pleine,
Que contre soi se prend à dépiter ;
Dont tout plaisir je me sens conciter*,
Et n'est possible enfin que je m'en taise.
   Parquoi couvrant en mon cœur ce grand aise
Qui ne me peut détenir en ma peau,
Je vais à elle et m'accuse et l'apaise,
Lors l'air troublé soudain retourne en beau.

CCCXVI

Chantant Orphée au doux son de sa lyre,
Tira pitié du Royaume impiteux*,
Et du tourment apaisa toute l'ire,
Qui pour sa peine est en soi dépiteux.
   En mon travail, moi misérable, honteux
Sans obtenir tant soit petite grâce,
N'ai pu tirer de sa bénigne face
Ni de ses yeux une larme épuiser
Qui sur mon feu eusse vive efficace*,
Ou de l'éteindre, ou bien de l'attiser.

227

Mon mal se paît de mon propre dommage,
Tant misérable est le sort des Amants
Qui, d'un second cuidant* prétendre hommage,
Ensemble sont eux-mêmes consommant.
    Dont en mon mal mes esperits* dormants
Et envieillis me rendent insensible,
Quasi voulant que contre l'impossible
Je vive ainsi une mourante vie
Qui en l'ardeur, toujours inconvincible*,
Plus est contente, et moins est assouvie.

Jà tout hautain en moi je me paonnais*
De ce qu'Amour l'avait pu inciter ;
Mais sûrement, à ce que je connais,
Quand il me vint du bien féliciter
Et la promesse au long me réciter,
Il me servit d'un très faux Truchement.
    Que dirai donc de cet abouchement
Que Ligurie et Provence et Venice
Ont vu, en vain, assembler richement
Espagne, France et Italie à Nice[1] ?

Produite fut au plus clair ascendant[1]
De toute étoile à nous mortels heureuse,
Et plus de grâce à son aspect[1] rendant,
Grâce aux Amants toutefois rigoureuse.
   Le Ciel, voyant la Terre ténébreuse
Et toute à vice alors s'avilissant,
La nous transmit, du bien s'éjouissant
Qui en faveur d'elle nous déifie.
   Parquoi depuis ce Monde fleurissant
Plus que le Ciel de toi se glorifie.

CCCXX

Je sens par fraîche et dure souvenance
Ce mien souhait à ma fin s'aiguiser,
Jetant au vent le sens et l'espérance,
Lesquels je vois d'avec moi diviser,
Et mon projet si loin ailleurs viser,
Que plus m'assure, et moins me certifie.
   Au fort mon cœur en sa douleur se fie,
Qui ne me peut totalement priver
Du grand désir qui tout se vivifie,
Où je ne puis désirant arriver.

Le Pot au feu

« Dedans je me consume. »

CCCXXI

Lorsque le Lynx de tes yeux me pénètre
Jusques au lieu où piteusement j'ars*,
Je sens Amour, avec pleine pharètre*,
Descendre au fond pour éprouver ses arcs.
   Adonc, craignant ses Magiciens arts,
L'Âme s'enfuit, souffrir ne le povant.
Et lui, vainqueur plus fier qu'auparavant,
Pour le dégât le feu partout allume,
Lequel ayant joie et ris au devant,
Ne montre hors ce qu'en moi il consume.

CCCXXII

Merveille n'est, Déesse de ma vie,
Si en voyant tes singularités
Me croît toujours, de plus en plus, l'envie
À poursuivir si grandes rarités.
   Je sais assez que nos disparités,
Non sans raison, feront ébahir maints.
Mais connaissant sous tes célestes mains
Être mon âme heureusement traitée,
J'ai beaucoup plus de tes actes humains
Que liberté de tous tant souhaitée.

CCCXXIII

Mauvais usage et vaine opinion
Gâtent le bon de notre mortel vivre,
Où toute sainte et parfaite union
Nous fait le vrai de l'équité ensuivre.
   Aussi à bien vertueusement vivre
En son amour seulement commençois,
Quand je te vis, et bienheureuse en sois,
Savoie[1] ôtée à ton persécuteur,
Réduite aux mains de ce premier FRANÇOIS,
Premier et seul des vertus rédempteur.

CCCXXIV

Les rets dorés dont Amour me détient
Lié et pris sous tes vermeilles roses[1],
Desquelles l'un et l'autre relief tient
Un ordre uni de tes perles encloses,
M'ont captivé l'esprit, où tu reposes
Avecques moi, et où tu me nourris
Par doux accueils et gracieux souris,
Par saintes mœurs, qui sont évidemment
Un Paradis à tous esprits marris,
Et au mien triste, un Enfer ardemment.

CCCXXV

D'un magnanime et hautain cœur procède
À tout gentil de donner en perdant ;
Même qu'alors tant tout il se possède,
Que sien il est, tout autre à soi rendant.
   Et tu m'as vu, jà longtemps, attendant
De ta pitié si commendable usure,
Que sans point faire à ta vertu injure,
Plus que pour moi, pour toi je m'évertue.
Et par ce nom encor je t'en adjure
Qui en mon cœur écrit te perpétue.

Je soupirais mon bien tant espéré,
Comme un malade attend à son salut,
Cuidant* avoir assez bien prospéré,
Où vain espoir rien ou peu me valut ;
Mais recourir ailleurs il me fallut
Pour me trouver briève expédition.
   Parquoi voyant que la condition
De mon mal est qu'au guérir il s'indigne,
À celle suis tout en perdition,
Que j'offensai pour l'adorer indigne.

CCCXXVII

Délie aux champs, troussée et accoutrée
Comme un Veneur, s'en allait ébattant.
Sur le chemin, d'Amour fut rencontrée,
Qui partout va, jeunes Amants guettant,
Et lui a dit, près d'elle voletant :
« Comment ? vas-tu sans armes à la chasse ?
— N'ai-je mes yeux, dit-elle, dont je chasse,
Et par lesquels j'ai maint gibier surpris ?
   Que sert ton arc, qui rien ne te pourchasse,
Vu mêmement que par eux je t'ai pris ? »

Tant variable est l'effet inconstant
De la pensée encor plus incertaine,
Que sur les doigts deux pour trois va comptant,
Et tient jà près la chose bien lointaine.
    Car étant pris dessous sa main hautaine,
Je m'en allais pleurant, la tête basse ;
Et devant elle ainsi comme je passe,
En me voyant, me jette un souris d'œil,
Qui me fit rire : et par ce je compasse*
Amour léger mêler joie en mon deuil.

CCCXXIX

Voudrais-je bien par mon dire attraper,
Ou à mes vœux efforcer ma Maîtresse ?
    Je ne le fais, sinon pour échapper
De cette mienne angoisseuse détresse.
    Pource à l'Archer, le plus du temps, m'adresse,
Comme à celui qui plus de mal me fait ;
Mais Quoi ? Amour, Cocodrille¹ parfait,
Que ce fol Monde aveuglément poursuit,
Nous suit, alors qu'on le fuit par effet,
Et fuit celui qui ardemment le suit.

La Lune en ténèbres

« Ma clarté toujours en ténèbre. »

CCCXXX

Au Centre heureux, au cœur impénétrable
À cet Enfant sur tous les Dieux puissant,
Ma vie entra en tel heur* misérable,
Que pour jamais de moi se bannissant,
Sur son Printemps librement fleurissant,
Constitua en ce saint lieu de vivre,
Sans autrement sa liberté poursuivre,
Où se nourrit de pensements funèbres ;
Et plus ne veut le jour, mais la nuit suivre,
Car sa lumière est toujours en ténèbres.

CCCXXXI[1]

L'humidité, Hydraule* de mes yeux,
Vide toujours par l'impie en l'oblique*,
L'y attrayant, pour air des vides lieux,
Ces miens soupirs qu'à suivre elle s'applique.
    Ainsi tous temps descend, monte et réplique,
Pour abreuver mes flammes apaisées.
    Donques me sont mes larmes si aisées
À tant pleurer, que sans cesser distillent ?
Las ! du plus haut goutte à goutte elles filent,
Tombant aux seins dont elles sont puisées.

CCCXXXII

Œuvrant ma Dame au labeur trop ardente,
Son Dé lui chut, mais Amour le lui dresse ;
Et le voyant sans raison évidente
Ainsi troué, vers Délie s'adresse :
    « C'est, lui dit-elle, afin que ne m'oppresse
L'aiguille aigue, et que point ne m'offense.
    — Donc, répond-il, je crois que sa défense
Fait que par moi ton cœur n'est point vaincu.
— Mais bien du mien, dis-je, la ferme essence
Encontre toi lui sert toujours d'écu. »

CCCXXXIII

Courant les jours à déclination,
Phébus s'échauffe en l'ardent' Canicule.
Plus croît en moi mon inflammation,
Quand plus de moi ma vie se recule.
Et jà, de loin, courbe vieillesse accule
Celle verdeur que je sentis novelle.
    Ce néanmoins toujours se renovelle
Le mal qui vient ma plaie réunir.
Ainsi, ô sort, l'épreuve nous révèle
Amour povoir lés plus vieux rejeunir.

CCCXXXIV

En autre part que là où ils aspirent,
Je sens toujours mes soupirs s'en aller,
Voire enflambés : car alors qu'ils respirent,
Ce n'est sinon pour l'ardeur exhaler
Qui, m'occupant l'haleine et le parler,
Me fait des yeux si grosse pluie étreindre.
    Mes larmes donc, n'ont-elles pù éteindre
Mon feu, ou lui mes grands pleurs dessécher ?
Non : mais me font, sans l'un l'autre empêcher,
Comme bois vert brûler, pleurer et plaindre.

CCCXXXV

Pour* la fraîcheur, Délie se dormait
Sur la fontaine, et l'Archer en personne,
Qui dedans l'eau d'elle, que tant aimait,
Voit la figure, et aucun mot ne sonne,
Car en ce lieu sa mère il soupeçonne,
Dont il se lance au fond pour la baiser.
  « Ha ! » dis-je lors, pour ma Dame apaiser,
« Tu pleures bien cet amour en ces eaux,
Et si ne plains le mien, qui pour s'aiser
Se perd du tout en ces deux miens ruisseaux. »

CCCXXXVI

Ne cuidez* point entre vous, qui suivîtes,
Comme je fais, cet Enfant dévoyé,
Que mes soupirs trop légèrement vites[1]
N'aient mon cœur saintement dévoyé.
  Car il y fut pour mon bien envoyé,
Et à son pire il se voit parvenu.
  Puisqu'il est donc vers elle mal venu,
Pourquoi ne vais-je à coup le retirer ?
Las ! je crains trop qu'en lieu de le tirer,
Le Corps ne soit, comme lui, détenu.

CCCXXXVII

Vu que Fortune aux accidents commande,
Amour au Cœur, et la Mort sur le Corps,
Occasion conteste à la demande
Qu'affection[1] prétend en ses accords.
Toi seule, ô Parque, apaises leurs discords,
Restituant la liberté ravie.
   Viens donc, heureuse et désirée envie,
Nous délivrant de tant fâcheux encombres ;
Viens sans douter* que l'esprit et la vie
Par toi fuiront indignés sous les ombres.

CCCXXXVIII

Affection en un si haut désir
Poussa le Cœur, qu'il y attira l'Âme
Toute crédule, et d'un noveau plaisir,
Combien que vain, si doucement l'enflamme,
Que toute ardente en si confuse flamme,
Moins s'y[1] connaît, quand plus de douleur sent,
   Que songe choir en un péril récent,
Peine et tressue, encores qu'il s'éveille :
Parquoi je souffre et présent et absent,
Comme enchanté d'amoureuse merveille.

239

Europa sur le bœuf[1]

« À sûreté va qui son fait cèle. »

CCCXXXIX

Ainsi que l'air de nues se dévêt
Pour nous montrer l'esprit de son serein ;
Ainsi, quand elle ou triste ou pensive est,
Reprend le clair de son teint souverain,
Pour entailler* mieux qu'en Bronze ou Airain,
Et confermer en moi mon espérance,
À celle fin que la persévérance
Toujours me pousse à si heureux déduits*,
Comme elle sait qu'en fidèle assurance,
Celant mon feu, à bon Port le conduis.

same event — different perspectives

CCCXL

Avoir[1] le jour notre Occident passé,
Cédant ici à la nuit ténébreuse,
Du triste esprit plus que du corps lassé,
Me sembla voir celle tant rigoureuse
Montrer sa face envers moi amoureuse,
Et en tout acte outre l'espoir privé.
   Mais le matin, trop hâtif, m'a privé
De tels plaisirs, auxquels, comme vent vîtes[2],
J'étais par vous, traîtres yeux, arrivé,
Qui clos mon bien et ouverts mon mal vîtes.

Experiential

CCCXLI

Quasi moins vraie alors je l'aperçois
Que la pensée à mes yeux la présente,
Si plaisamment ainsi je me déçois*,
Comme si elle était au vrai présente,
Bien que parfois aucunement* je sente
Être tout vain ce que j'ai aperçu.
   Ce néanmoins pour le bien jà reçu,
Je quiers la fin du songe et le poursuis,
Me contentant d'être par moi déçu*,
Pour non m'ôter du plaisir où je suis.

retrospective

delusion or enjoy it?

Quand quelquefois d'elle à elle me plains,
Et que son tort je lui fais reconnoître,
De ses yeux clairs, d'honnête courroux pleins,
Sortant rosée en pluie vient à croître.
   Mais, comme on voit le Soleil apparoître
Sur le Printemps parmi l'air pluvieux,
Le Rossignol à chanter curieux★
S'égaye lors, ses plumes arrousant.
   Ainsi Amour aux larmes de ses yeux
Ses ailes baigne, à gré se reposant.

CCCXLIII

Au vif flambeau de ses yeux larmoyants
Amour son trait allume, et puis le trempe
Dans les ruisseaux doucement ondoyants
Dessus sa face ; et l'éteignant le trempe
Si aigrement, que hors que celle Trempe
Le cauteleux peu à peu se retire
Par devers moi, et si soudain le tire,
Qu'il lâche et frappe en moins que d'un moment.
   Parquoi adonc avec plus grand martyre
Je suis blessé, et si★ ne sais comment.

CCCXLIV

Luth résonnant, et le doux son des cordes,
Et le concent* de mon affection,
Comment ensemble uniment tu accordes
Ton harmonie avec ma passion !
    Lorsque je suis sans occupation,
Si vivement l'esprit tu m'exercites,
Qu'ores* à joie, ore* à deuil tu m'incites
Par tes accords, non aux miens ressemblants.
    Car plus que moi, mes maux tu lui récites,
Correspondant à mes soupirs tremblants.

CCCXLV

Entre ses bras, ô heureux, près du cœur
Elle te¹ serre en grand' délicatesse,
Et me repousse avec toute rigueur,
Tirant de toi sa joie et sa liesse,
De moi plaints, pleurs et mortelle tristesse
Loin du plaisir, qu'en toi elle comprend.
    Mais en ses bras, alors qu'elle te prend,
Tu ne sens point sa flamme dommageable
Qui jour et nuit, sans la toucher, me rend
Heureusement pour elle misérable.

243

CCCXLVI

À si haut bien de tant sainte amitié
Facilement te devrait inciter,
Sinon devoir ou honnête pitié,
À tout le moins mon loyal persister,
Pour uniment et ensemble assister
Là-sus en paix en notre éternel trône.
   N'aperçois-tu de l'Occident le Rhône
Se détourner, et vers Midi courir,
Pour seulement se conjoindre à sa Saône
Jusqu'à leur Mer, où tous deux vont mourir ?

CCCXLVII

Heureux joyau, tu as autrefois ceint
Le doigt sacré par si gente manière,
Que celle main, de qui le pouvoir saint
Ma liberté me détient prisonnière,
Se feignant ore* être large aumônière,
Te donne à moi, mais pour plus sien me rendre.
   Car, comme puis en te tournant comprendre,
Ta rondeur n'a aucun commencement,
Ni fin aussi, qui me donne à entendre
Que captif suis sans élargissement.

L'Arbalétier

« Plus par douceur que par force. »

CCCXLVIII

Par ce penser tempêtant ma pensée,
Je considère en moi l'infirmité,
Où ma santé je vois être pansée
Par la rigueur et celle extrémité,
Non différente à la calamité,
Qui se fait butte à cet Archer mal seur.
    Pourquoi, Amour, comme fier agresseur
Encontre moi si vainement t'efforces ?
Elle me vainc, par naïve douceur
Trop plus que toi par violentes forces.

Tu as, Anneau, tenu la main captive,
Qui par le cœur me tient encor captif
Touchant sa chair précieusement vive,
Pour être puis* au mal médicatif,
Au mal qui est parfois alternatif,
En froid et chaud mêlés cruellement.
   Dont te portant au doigt journellement,
Pour médecine enclose en ton oblique*,
Tu me seras perpétuellement
De sa foi chaste éternelle relique.

CCCL

Je ne me puis aisément contenter
De cette utile et modeste manière
De voile ombreux pour désirs tourmenter
Et rendre à soi la vue prisonnière,
Par où Amour, comme en sa canonnière,
Épie Amants dans son assiette forte.
   En ce mésaise au moins je me conforte,
Que le Soleil, si clairement voyant,
Pour te connaître et voir en quelque sorte
Va dessus nous, mais en vain, tournoyant.

CCCLI

Qui cuiderait*, du milieu de tant d'Anges[1],
Trop plus parfaits que plusieurs des hauts cieux,
Amour parfaire autre part ses vendanges,
Voire en Hiver, qui jà pernicieux
Va dépeuplant les champs délicieux,
De sa fureur faisant premier essai.
    Et qu'il soit vrai, et comme je le sais,
Contraint je suis d'un grand désir extrême
Venir au lieu, non où je te laissai,
Mais, t'y laissant, je m'y perdis moi-même.

CCCLII

Non moins ardoir* je me sens en l'absence,
Du tout de moi pour elle me privant,
Que congeler en la douce présence,
Qui par ses yeux me rend mort et vivant.
    Or si je suis le vulgaire suivant,
Pour en guérir fuïr la me faudroit.
    Le Cerf[1] blessé par l'archer bien adroit,
Plus fuit la mort, et plus sa fin approche.
Donc ce remède à mon mal ne vaudroit
Sinon, moi mort, désespéré reproche.

CCCLIII

Sa vertu veut être aimée et servie,
Et saintement et comme elle mérite,
Se captivant l'Âme toute asservie,
Qui de son corps enfin se déshérite,
Lequel devient pour un si haut mérite
Plus desséché qu'en terre de Lemnos[1].
Et lui, étant jà réduit tout en os,
N'est d'autre bien que d'espoir revêtu.
  Je ne suis point pour ressembler Minos ;
Pourquoi ainsi, Dictynne[2], me fuis-tu ?

CCCLIV

Quand, ô bien peu ! je vois auprès de moi
Celle qui est la Vertu et la Grâce :
Qui paravant ardais* en grand émoi,
Je me sens tout réduit en dure glace.
  Adonc mes yeux je dresse à voir la face
Qui m'a causé si subit changement ;
Mais ma clarté s'offusque tellement,
Que j'ars* plus fort en fuyant ses détroits*,
Comme les Monts, lesquels communément
Plus du Soleil s'approchent, plus sont froids.

L'Aube venant pour nous rendre apparent
Ce que l'obscur des ténèbres nous cèle,
Le feu, de nuit en mon corps transparent[1],
Rentre en mon cœur, couvrant mainte étincelle ;
   Et quand Vesper sur terre universelle
Étendre vient son voile ténébreux,
Ma flamme sort de son creux funébreux,
Où est l'abîme à mon clair jour nuisant,
Et derechef reluit le soir ombreux,
Accompagnant le Vermisseau luisant.

CCCLVI

Quand Titan[1] a sué le long du jour,
Courant au sein de sa vieille amoureuse,
Et Cynthia[2] vient faire ici séjour
Pour donner lieu à la nuit ténébreuse,
Mon cœur alors de sa fornaise ombreuse
Ouvre l'Etna de mes flammes ardentes,
Lesquelles sont en leur clair résidentes,
Et en leur bruit durent jusques à tant
Que celle éteint ses lampes évidentes,
De qui le nom tu vas représentant.

249

Le Coq qui se brûle[1]

« Plus l'éteins, plus l'allume. »

CCCLVII

Toujours n'est pas la mer Égée trouble,
Et Tanaïs[1] n'est point tous temps gelé,
Mais le malheur qui mon mal me redouble
Incessamment avecques lui mêlé,
S'enchaîne ensemble et, ainsi congelé,
Me fait ardoir* tant inhumainement,
Que quand par pleurs je veux soudainement
Remédier à si grand' amertume,
Voulant ma flamme éteindre aucunement*,
Plus je l'éteins, et plus fort je l'allume.

Toutes les fois que sa lueur sur Terre
Jette sur moi un ou deux de ses rais,
En ma pensée émeut l'obscure guerre
Par qui me sont sens et raison soustraits.
    Et par son teint Angéliquement frais
Rompt cette noise à nulle autre pareille.
    Et quand sa voix pénètre en mon oreille,
Je suis en feu et fumée noirci,
Là où sa main, par plus grande merveille,
Me rend en marbre et froid et endurci.

Quand l'ennemi poursuit son adversaire
Si vivement qu'il le blesse ou l'abat,
Le vaincu, lors, pour son plus nécessaire,
Fuit çà et là et crie et se débat.
    Mais moi, navré par ce traître combat
De tes doux yeux, quand moins de doute avois,
Cèle mon mal ainsi comme tu vois,
Pour te montrer à l'œil évidemment
Que tel se tait et de langue et de voix,
De qui le cœur se plaint incessamment.

CCCLX

En ce Faubourg celle ardente fornaise
N'élève point si haut sa forte haleine,
Que mes soupirs répandent à leur aise
Leur grand' fumée en l'air qui se pourmène.
    Et le Canon, qui peur et horreur mène,
Ne territ* point par son bruit furieux
Si durement les circonvoisins lieux,
Qui sa ruine et sa fureur soutiennent,
Que mes sanglots, pénétrant jusqu'aux cieux,
Émeuvent ceux qui en cruauté règnent.

CCCLXI

La passion de soudaine allégresse
Va occultant sous l'espace du front
Deux sources d'eaux, lesquelles par détresse
Confusément souvent elle dérompt.
    Mais maintenant le cœur chaud et très-prompt
Les ouvre au deuil, au deuil qui point ne ment,
Et qui ne peut guérir par oignement*
De patience en sa perfection,
Pour* non povoir souffrir l'éloignement
Du saint objet de mon affection.

CCCLXII

Ne* du passé la récente mémoire,
Ne* du présent la connue évidence,
Et du futur, aucunefois* notoire,
Ne peut en moi la sage providence ;
Car sur ma foi la peur fait résidence,
Peur, qu'on ne peut pour vice impropérer*.
   Car quand mon cœur, pour* vouloir prospérer,
Sur l'incertain d'oui et non se boute,
Toujours espère : et le trop espérer
M'émeut souvent le vaciller du doute.

CCCLXIII

Étant ainsi veuve[1] de sa présence,
Je l'ai si vive en mon intention,
Que je la vois toute telle en absence,
Qu'elle est au lieu de sa détention.
Par divers acte et mainte invention,
Je la contemple en pensée rassise.
Ci elle allait, là elle était assise,
Ici tremblant lui fis mes doléances,
En cette part une sienne devise
Me reverdit mes mortes espérances.

L'Esprit voulait, mais la bouche ne put
Prendre congé et te dire : « À Dieu, Dame ! »
Lors d'un baiser si très doux se reput,
Que jusqu'au bout des lèvres tira l'Âme.
    L'œil à pleurer si chaudement s'enflamme,
Qu'il t'émouvrait à grand' compassion.
    Quant est du Cœur, qui seul sans passion
Avecque toi incessamment demeure,
Il est bien loin de perturbation
Et rit en soi de ce de quoi l'œil pleure.

CCCLXV

La Lune au plein par sa clarté puissante
Rompt l'épaisseur de l'obscurité trouble
Qui de la nuit et l'horreur hérissante
Et la peur pâle ensemble nous redouble ;
Les dévoyés alors met hors de trouble,
Où l'incertain des ténèbres les guide.
    De celle ainsi, qui sur mon cœur préside,
Le doux regard à mon mal souverain
De mes douleurs résout la nue humide,
Me conduisant en son joyeux serein.

Léda et le Cygne[1]

« *Cèle en autrui ce qu'en moi je découvre.* »

CCCLXVI

Nier ne puis, au moins facilement,
Qu'Amour de flamme étrangement diverse
Nourri ne m'aie, et difficilement,
Vu cette-ci qui toute en moi converse*.
   Car en premier, sans point de controverse,
D'un doux feu lent le cœur m'attiédissoit
Pour m'allecter*, cependant qu'il croissoit
Hors du spirail, que souvent je lui ouvre.
   Et or*, craignant qu'éventé il ne soit,
Je cèle en toi ce qu'en moi je découvre.

255

Assez plus long qu'un Siècle Platonique[1]
Me fut le mois que sans toi suis été ;
Mais quand ton front je revis pacifique,
Séjour très-haut de toute honnêteté,
Où l'empire est du conseil arrêté,
Mes songes lors je crus être devins.
    Car en mon corps, mon Âme, tu revins,
Sentant ses mains, mains célestement blanches,
Avec leurs bras mortellement divins
L'un coronner mon col, l'autre mes hanches.

CCCLXVIII

Lorsque Phébus de Téthys se départ,
Apparaissant dessus notre Horizon,
Aux patients apporte une grand' part,
Sinon le tout, d'entière guérison,
Et amoindrit, au moins, la languison
Et les douleurs que la nuit leur augmente.
Tout en ce point ma peine véhémente
Se diminue au clair de sa présence,
Et de mes maux s'apaise la tourmente,
Que me causait l'obscur de son absence.

Plongé au Styx de la mélancolie,
Semblais l'auteur de ce marrissement*
Que la tristesse autour de mon col lie
Par l'étonné de l'ébahissement,
Colère ayant pour son nourrissement,
Colère aduste*, ennemie au joyeux.
   Dont l'amer chaud, salé et larmoyeux,
Créé au deuil par la persévérance,
Sort hors du cœur et descend par les yeux
Au bas des pieds de ma faible espérance.

CCCLXX

Étant toujours, sans m'ôter, appuyé
Sur le plaisir de ma propre tristesse,
Je me ruine au penser ennuyé
Du pensement proscrit de ma liesse.
   Ainsi donné en proie à la détresse,
De mon haut bien toute béatitude
Est chute au fond de ton ingratitude ;
Dont mes esprits, recouvrant sentement,
Fuient au joug de la grand' servitude
De désespoir, Dieu d'éternel tourment.

CCCLXXI

Blâme ne peut, où n'est aucun défaut,
Ni la peine être, où n'y a coulpe aucune ;
Dont si justice en nous-mêmes défaut,
C'est par malice ou par propre rancune.
    Ni l'Or prisé ni la chère Pécune,
Dieu de vilté*, et de sagesse horreur,
Me tire à doute, et de doute à terreur.
    Mais en mon cœur a mis dissention
Consentement, qui met en grand' erreur
Le résolu de mon intention.

CCCLXXII

Tu m'es le Cèdre[1] encontre le venin
De ce Serpent en moi continuel,
Comme ton œil cruellement bénin
Me vivifie au feu perpétuel,
Alors qu'Amour par effet mutuel
T'ouvre la bouche et en tire à voix pleine
Celle douceur célestement humaine,
Qui m'est souvent peu moins que rigoureuse,
Dont spire*, ô Dieux, trop plus suave haleine,
Que n'est Zéphyr en l'Arabie heureuse.

À son aspect, mon œil révéremment
S'incline bas, tant le Cœur la révère
Et l'aime et craint trop persévéramment
En sa rigueur bénignement sévère.

    Car en l'ardeur si fort il persévère,
Qu'il se dissout et tout en pleurs se fond,
Pleurs restagnant* en un grand lac profond,
Dont descend puis ce ruisseau argentin
Qui me congèle et ainsi me confond,
Tout transformé en sel Agrigentin[1].

CCCLXXIV

Cupido vit son trait d'or rebouché*,
Et tout soudain le vint au Dieu[1] montrer,
Qui jà était par son père[2] embouché*
Pour lui vouloir ses foudres accoutrer.

    Adonc Vulcain, pour plus nos cœurs outrer*,
En l'aiguisant par son feu l'a passé,
Feu de vengeance et d'ire compassé*,
Sans que jamais aucune grâce outroie.

    Parquoi Amour chatouillait au passé,
Et à présent ses Amants il foudroie.

Le Vespertilion ou Chauve-souris

« *Quand tout repose, point je ne cesse.* »

CCCLXXV

De toi la douce et fraîche souvenance[1]
Du premier jour qu'elle m'entra au cœur
Avec ta haute et humble contenance,
Et ton regard, d'Amour même vainqueur,
Y dépeignit par si vive liqueur
Ton effigie au vif tant ressemblante,
Que depuis l'Âme étonnée et tremblante
De jour l'admire et la prie sans cesse,
Et sur la nuit, tacite et sommeillante,
Quand tout repose, encor moins elle cesse.

CCCLXXVI

Tu es le Corps, Dame, et je suis ton ombre,
Qui en ce mien continuel silence
Me fais mouvoir, non comme Hécaté l'Ombre,
Par ennuyeuse et grande violence,
Mais par povoir de ta haute excellence,
En me movant au doux contournement
De tous tes faits, et plus soudainement,
Que l'on ne voit l'ombre suivre le corps,
Fors que je sens trop inhumainement
Nos saints vouloirs être ensemble discords.

CCCLXXVII

Ce clair luisant sur la couleur de paille[1]
T'appelle au but follement prétendu,
Et de moi, Dame, assurance te baille,
Si chaque signe est par toi entendu.
  Car le jaune est mon bien tant attendu
(Souffre qu'ainsi je nomme mes attentes,
Vu que de moins assez tu me contentes)
Lequel le blanc si gentement décore ;
  Et ce neigeant floquant* parmi ces fentes
Est pure foi, qui jouissance honore.

CCCLXXVIII[1]

La blanche Aurore à peine finissait
D'orner son chef d'or luisant et de roses,
Quand mon Esprit, qui du tout périssait
Au fond confus de tant diverses choses,
Revint à moi sous les Custodes* closes,
Pour plus me rendre envers Mort invincible.
   Mais toi qui as, toi seule, le possible
De donner heur* à ma fatalité,
Tu me seras la Myrrhe incorruptible
Contre les vers de ma mortalité.

CCCLXXIX

Bien qu'en ce corps mes faibles esperits*
Ministres soient de l'aure* de ma vie,
Par eux me sont mes sentements péris
Au doux pourchas de liberté ravie,
Et de leur quête assez mal poursuivie
Ont rapporté l'espérance affamée
Avec soupirs qui, comme foudre armée
De feu et vent, ondoient à grands flots.
   Mais de la part en mon cœur entamée
Descend la pluie, éteignant mes sanglots.

Pour émovoir le pur de la pensée,
Et l'humble aussi de chaste affection,
Voie tes faits, ô Dame dispensée*
À être loin d'humaine infection :
Et lors verra en sa perfection
Ton haut cœur saint là-sus[1] se transporter,
Et puis ci-bas Vertus lui apporter
Et l'Ambroisie et le Nectar des Cieux,
Comme j'en puis témoignage porter
Par jurement des ces miens propres yeux.

CCCLXXXI

Je sens en moi la vilté* de la crainte
Movoir l'horreur à mon indignité,
Par qui la voix m'est en la bouche éteinte
Devant les pieds de ta divinité.

   Mais que ne peut si haute qualité,
Amoindrissant voire* celle des Dieux ?

   Tels deux Rubis, tels Saphirs radieux,
Le demeurant, considération[1],
Comme sujet des délices des Cieux,
Le tient caché à l'admiration.

CCCLXXXII

L'heureux séjour que derrière je laisse,
Me vient toute heure et toujours au-devant.
Que dis-je vient ? mais fuit, et si* ne cesse
De se montrer peu à peu s'élevant.
    Plus pas à pas j'éloigne le Levant,
Pour le Ponant de plus près approcher,
Plus m'est avis de le povoir toucher,
Ou que soudain je m'y pourrais bien rendre.
    Mais quand je suis, où je l'ai pu marcher,
Haussant les yeux, je le vois loin s'étendre.

CCCLXXXIII

Plus croît la Lune et ses cornes renforce,
Plus allégeante est le fébricitant[1] ;
Plus s'amoindrit, diminuant sa force,
Plus l'affaiblit, son mal lui suscitant.
    Mais toi, tant plus tu me vas excitant
Ma fièvre chaude avant l'heure venue,
Quand ta présence à moi se diminue,
Me redoublant l'accès ès mille formes.
    Et quand je vois ta face à demi nue,
De patient en mort tu me transformes.

L'Horologe

« À mon labeur jour et nuit veille. »

CCCLXXXIV

Me désaimant, par la sévérité
De mon étrange et propre jugement,
Qui me fait voir et être en vérité
Non méritant si doux soulagement,
Comme celui, dont pend l'abrègement
De mes travaux me bienheurant ma peine,
Je m'extermine et, en si grande haine
De mes défauts, j'aspire à la merveille
D'un si haut bien, que d'une même haleine
À mon labeur le jour et la nuit veille.

265

CCCLXXXV

Dessus ce Mont[1] qui la Gaule découvre,
Où l'on entend les deux Sœurs[2] résonner,
Lorsque la nuit à l'esprit sa guerre ouvre,
Je lui voulais paix et repos donner,
Avec le lit cuidant* abandonner
Mes tristes pleurs, mes confuses complaintes,
Quand le Soleil, dessus ses roues peintes,
Celle à mes yeux soudain représenta,
Qui par douleurs ni par cruautés maintes
De ce cœur sien onques* ne s'absenta.

CCCLXXXVI

Quand Apollo après l'Aube vermeille
Pousse le bout de ses rayons dorés,
Semble à mon œil, qui lors point ne sommeille,
Voir les cheveux de ce Monde adorés,
Qui par leurs nœuds de mes morts décorés
M'ont à ce joug jusqu'à ma fin conduit.
   Et quand après à pleine face il luit,
Il m'est avis que je vois clairement
Les yeux desquels la clarté tant me nuit,
Qu'elle éblouit ma vue entièrement.

CCCLXXXVII

Où celle était au festin, pour laquelle
Avecque moi le Ciel la Terre adore,
La saluant, comme sur toutes belle,
Je fus noté de ce que je l'honore.
     Ce n'est vilté*, ce n'est sottie encore,
Qui ci m'a fait pécher vilainement :
Mais tout ainsi qu'à son avènement
Le clair Soleil les étoiles efface,
Quand suis entré, j'ai cru soudainement
Qu'elle était seule au lustre de sa face.

CCCLXXXVIII

Ce doux venin, qui de tes yeux distille,
M'amollit plus en ma virilité,
Que ne fit onc* au Printemps inutile
Ce jeune Archer, guidé d'agilité.
     Donc ce Toscan[1] pour vaine utilité
Trouve le goût de son Laurier[1] amer,
Car de jeunesse il apprit à l'aimer.
     Et en Automne Amour, ce Dieu volage,
Quand me voulais de la raison armer,
A prévalu contre sens et contre âge.

267

Elle a le cœur en si haut lieu assis,
Qu'elle tient vil ce que le Monde prise,
Et d'un sens froid tant constamment rassis
Estime en soi ce que chacun méprise.
   Dont par raison en la vertu comprise
Ne se tient plus ici-bas endormie,
Mais tâche encor, comme intrinsèque amie,
À me vouloir à si haut bien instruire.
Même voyant l'Aigle[1], notre ennemie,
Par France aller son propre nid détruire.

CCCXC

Toutes les fois que je vois élever
Tes hauts sourcils et leurs cornes ployer
Pour* me vouloir mortellement grever,
Ou tes durs traits dessus moi employer,
L'Âme, craignant si dangereux loyer,
Se perd en moi, comme toute peureuse.
Ô, si tu es de mon vivre amoureuse,
De si doux arcs ne crains la fureur telle.
Car eux, cuidant* donner mort doloureuse,
Me donnent vie heureuse et immortelle.

CCCXCI

Non, comme on dit, par feu fatal fut arse*
Cette Cité sur le Mont de Vénus¹
Mais la Déesse y mit la flambe éparse,
Pource que maints par elle étaient venus
À leur entente, et ingrats devenus,
Dont elle ardit* avecques eux leur Ville.
   Envers les siens ne sois donc incivile
Pour n'irriter et le fils et la mère.
Les Dieux hayant ingratitude vile,
Nous font sentir double vengeance amère.

CCCXCII

Les éléments entre eux sont ennemis,
Movant toujours continuels discords ;
Et toutefois se font ensemble amis,
Pour composer l'union de ce corps.
   Mais toi, contraire aux naturels accords
Et à tout bien que la Nature baille,
En cette mienne immortelle bataille
Tu te rends douce et t'apaises soudain ;
   Et quand la paix à nous unir travaille,
Tu t'émeus toute en guerre et en dédain.

Le Mort ressuscitant

« Plus que ne puis. »

CCCXCIII

Je vais et viens aux vents de la tempête
De ma pensée incessamment troublée ;
Ores* à Poge*, or* à l'Orse* tempête,
Ouvertement et aussi à l'emblée*,
L'un après l'autre, en commune assemblée
De doute, espoir, désir et jalousie,
Me foudroyant tels flots la fantaisie
Abandonnée et d'aides et d'appuis.
    Parquoi durant si longue frénésie,
Ne povant plus, je fais plus que ne puis.

CCCXCIV

Pardonnez-moi, si ce nom lui donnai,
Sinistrement pour mon mal inventé,
Cuidant* avoir du bien plus que je n'ai,
J'ai mon procès contre moi intenté.
   Car espérant d'être un jour contenté,
Comme la Lune aux Amants favorise,
Je lui écris et surnom et maîtrise,
Pour être à elle en ses vertus semblable.
   Mais au rebours elle, ô Dieux ! les méprise,
Pour* à mes vœux se rendre inexorable.

CCCXCV

Ce n'est Plancus[1] qui là Ville étendit,
La restaurant au bas de la montaigne,
Mais de soi-même une part détendit
Là, où Arar[2] les pieds des deux Monts baigne ;
L'autre[3] sauta de là vers la campagne
Et pour témoin aux noces accourait.
   Celle, pour voir si la Saône courait,
S'arrêta toute au son de son cours lent ;
Et cette, ainsi qu'à présent, adorait
Ce mariage entre eux tant excellent.

271

CCCXCVI

Le laboureur, de sueur tout rempli,
À son repos sur le soir se retire ;
Le Pèlerin, son voyage accompli,
Retourne en paix et vers sa maison tire.
    Et toi, ô Rhône, en fureur et grand' ire
Tu viens courant des Alpes roidement
Vers celle-là, qui t'attend froidement,
Pour en son sein tant doux te recevoir.
    Et moi, suant à ma fin grandement,
Ne puis ne* paix ne* repos d'elle avoir.

CCCXCVII

Toute fumée en forme d'une nue
Départ du feu avec grave maintien,
Mais tant plus haut s'élève et se dénue*,
Et plus soudain se résout toute en rien.
    Or que serait à pénétrer au bien,
Qui au parfait d'elle jamais ne faut ?
Quand seulement, pensant plus qu'il ne faut
Et contemplant sa face à mon dommage,
L'œil et le sens peu à peu me défaut,
Et me perds tout en sa divine image.

CCCXCVIII

Violenté de ma longue misère,
Suis succombé aux repentins* efforts
Qu'Amour au sort de mes malheurs insère,
Affaiblissant mes esperits* plus forts.
   Mais les Vertus passementant les bords,
Non des habits, mais de ses mœurs divines,
Me serviront de douces médecines,
Qui mon espoir me fortifieront.
   Et lors je crois que ses grâces bénignes
Dedans mon cœur la déifieront.

CCCXCIX

Mais que me sert sa vertu et sa grâce,
Et qu'elle soit la plus belle du Monde,
Comprenant plus que tout le Ciel n'embrasse
En son immense, en sa rondeur profonde?
   Car puisqu'il faut qu'au besoin je me fonde
Sur les secours en mes maux pitoyables,
Mes passions certes épamoyables*,
Vaincues jà de mille repentances,
Veulent d'effets remèdes favorables,
Et non onguents de frivoles sentences.

273

Quand l'allégresse, aux entrailles créée
De son désir du tout ressuscité,
Doit apaiser, comme âme recréée,
Les passions de sa félicité,
Se défait toute en sa diversité
Et en l'ardeur de son contentement.
    Parquoi voulant tirer le sentement
Hors du repos de consolation,
Lui, fourragé par l'ébahissement,
Ombre me rend de la confusion.

CDI

Tant occupés aux conditions d'elle
Sont mes esprits, qu'ils y sont transformés,
Et tellement contraints sous sa cordelle*,
Qu'en leur bonté naïve bien formés,
De leur douceur sont ores* déformés,
Et tant dissous en sa rigueur suprême,
Qu'en me hayant de toute haine extrême,
Comme me hait sa gracieuseté,
Je me suis fait ennemi de moi-même,
Pour tout complaire à son impiété*.

La Lampe sur la table

« Le jour meurs et la nuit ars. »*

CDII

La roue enfin le fer assubtilie*
Et le rend apte à trancher la durté.
Adversité, qui l'orgueil humilie,
Au cœur gentil, de passion heurté,
Fait mépriser fortune et malheurté,
Le réservant à plus seconde* chose.
   Mais mon travail, sans entremêler pause
À mon souffrir, m'aiguise par ses arts
Si vivement que, si dire je l'ose,
Tout le jour meurs, et toute la nuit ars*.

Tout le jour meurs, voyant celle présente,
Qui m'est de soi meurtrièrement bénigne.
Toute nuit j'ars*, la désirant absente,
Et si* me sens à la revoir indigne,
Comme ainsi soit que pour ma Libytine[1]
Me fut élue, et non pour ma plaisance.
   Et mêmement que la molle nuisance
De cet Archer superbement hautain
Me rend toujours par mon insuffisance
D'elle douteux et de moi incertain.

CDIV

Tant plus je veux d'elle me souvenir,
Plus à mon mal, maugré moi, je consens.
Que j'aurais cher, s'il devait advenir,
Que la douleur m'ôtât plus tôt le sens
Que la mémoire, où reposer je sens
Le nom de celle, Amour, où tu régnais,
Lorsqu'au besoin tu me circonvenais,
Tant qu'à la perdre à présent je souhaite.
   Car, si en rien je ne m'en souvenais,
Je ne pourrais sentir douleur parfaite.

Heur me serait tout autre grand malheur
Pour* le désastre influant ma disgrâce,
Où Apollo ne peut par sa valeur,
Ne la Fortune opulentement grasse.
    Car sa rigueur incessamment me brasse
Novelle ardeur, de vains désirs remplie.
Parquoi jamais je ne vois accomplie
La voulenté, qui tant me bat le pouls
Que la douleur qui en mon front se plie,
Tressue au bien trop amèrement doux.

Hautain vouloir en si basse pensée,
Haute pensée en un si bas vouloir
Ma voulenté ont en ce dispensée,
Qu'elle ne peut, et si* se deubt[1] douloir*.
    Pource souvent mettant à nonchaloir
Espoir, ennui, attente et fâcherie,
Veut que le Cœur, bien qu'il soit fâché, rie
Au goût du miel tous mes incitements,
Et que le mal par la peine chérie
Soit trouvé Sucre au fiel de mes tourments.

En moi saisons et âges finissants
De jour en jour découvrent leur fallace*.
Tournant les Jours et Mois et Ans glissants,
Rides arants* déformeront ta face.
    Mais ta vertu, qui par temps ne s'efface,
Comme la Bise en allant acquiert force,
Incessamment de plus en plus s'efforce
À illustrer tes yeux par mort ternis.
    Parquoi, vivant sous verdoyante écorce[1],
S'égalera aux Siècles infinis.

CDVIII

Quand Mort aura, après long endurer,
De ma triste âme étendu le corps vide,
Je ne veux point, pour en Siècles durer,
Un Mausolée ou une pyramide :
    Mais bien me soit, Dame, pour tombe humide,
Si digne en suis, ton sein délicieux.
    Car si, vivant sur Terre et sous les Cieux,
Tu m'as toujours été guerre implacable,
Après la mort, en ce lieu précieux,
Tu me seras du moins paix amiable.

CDIX

Apercevant cet Ange en forme humaine,
Qui aux plus forts ravit le dur courage*
Pour le porter au gracieux domaine
Du Paradis terrestre en son visage,
Ses beaux yeux clairs par leur privé usage
Me dorent tout de leurs rais épandus.
    Et quand les miens j'ai vers les siens tendus,
Je me recrée au mal où je m'ennuie*,
Comme bourgeons au Soleil étendus,
Qui se refont aux gouttes de la pluie.

CDX

D'elle puis dire, et ce sans rien mentir,
Qu'elle a en soi je ne sais quoi de beau,
Qui remplit l'œil, et qui se fait sentir
Au fond du cœur par un désir noveau,
Troublant à tous les sens et le cerveau,
Voire et qui[1] l'ordre à la raison efface.
    Et tant plus plaît, que si attrayant' face,
Pour émouvoir ce grand Censeur Romain[2],
Nuire ne peut à chose qu'elle fasse,
Sûre[3], vivant, de tout outrage humain.

MEVRS.

I'AY TENDV

OV IE I'AY

LE LACQZ

L'Yraigne★

« J'ai tendu le lacs★ où je meurs. »

CDXI

Au doux rouer★ de ses chastes regards,
Toute douceur pénétramment se fiche
Jusqu'au secret, où mes sentements ars★
Le plus du temps laissent ma vie en friche,
Où du plaisir, sur tout autre bien riche,
Elle m'allège intérieurement ;
Et en ce mien heureux meilleurement,
Je m'en vais, tout en esprit éperdu.
   Dont, maugré moi, trop voulontairement
Je me meurs, pris ès rets que j'ai tendu.

Mont côtoyant le Fleuve et la Cité[1],
Perdant ma vue en longue prospective,
Combien m'as-tu, mais combien incité
À vivre en toi vie contemplative ?
Où* toutefois mon cœur, par œuvre active,
Avec les yeux lève au Ciel la pensée,
Hors de souci d'ire et deuil dispensée,
Pour admirer la paix qui me témoigne
Celle vertu là-sus récompensée,
Qui du Vulgaire, au moins ce peu, m'éloigne.

CDXIII

Honnête ardeur en un très saint désir,
Désir honnête en une sainte ardeur,
En chaste ébat et pudique plaisir,
M'ont plus donné et de fortune et d'heur,
Que l'espérance, avec feinte grandeur,
Ne m'a ravi de liesse assouvie.
    Car désirant par cette ardente envie
De mériter d'être au seul bien compris,
Raison au fait me rend souffle à la vie,
Vertu au sens et vigueur aux esprits.

Plaisant repos du séjour solitaire,
De cures* vide et de souci délivre,
Où l'air paisible est féal secrétaire
Des hauts pensers que sa douceur me livre
Pour mieux jouir de ce bienheureux vivre,
Dont les Dieux seuls ont la fruition*.
   Ce lieu sans peur et sans sédition
S'écarte à soi et son bien inventif.
Aussi j'y vis, loin de l'Ambition
Et du sot Peuple au vil gain intentif.

CDXV

Quand je te vis, miroir de ma pensée,
D'auprès de moi en un rien départie,
Soudain, craignant de t'avoir offensée,
Devins plus froid que neige de Scythie.
   Si ainsi est, soit ma joie avortie
Avec ma flamme auparavant si forte ;
Et plus ma foi ne soit, en quelque sorte,
Sur l'Émeril* de fermeté fourbie,
Voyant plus tôt que l'espérance morte
Fleurir en moi les déserts de Libye.

Et l'influence et l'aspect[1] de tes yeux
Durent toujours sans révolution
Plus fixement que les Pôles des Cieux.
Car eux, tendant à dissolution,
Ne veulent voir que ma confusion,
Afin qu'en moi mon bien tu n'accomplisses,
Mais que par mort, malheur et leurs complices
Je suive enfin à mon extrême mal
Ce Roi d'Écosse avec ces trois Éclipses
Spirant* encor cet An embolismal[2].

CDXVII

Fleuve rongeant[1] pour t'attitrer le nom
De la roideur en ton cours dangereuse,
Mainte Rivière, augmentant ton renom,
Te fait courir mainte rive amoureuse,
Baignant les pieds de celle terre heureuse
Où ce Toscan Apollo[2] sa jeunesse
Si bien forma, qu'à jamais sa vieillesse
Verdoiera à toute éternité,
Et où Amour ma première liesse
A dérobée à immortalité.

283

Sous le carré d'un noir tailloir★ couvrant
Son Chapiteau par les mains de Nature,
Et non de l'art grossièrement œuvrant,
Parfaite fut si haute Architecture,
Où entaillant★ toute linéature,
Y feuilla d'or à courroies Héliques★,
Avec doux traits vivement Angéliques,
Plombés sur Base assise, et bien suivie
Dessus son Plinthe à creux et ronds obliques,
Pour l'ériger Colonne de ma vie.

Haut est l'effet de la voulenté libre,
Et plus hautain le vouloir de franchise★,
Tirant tous deux d'une même équalibre,
D'une portée à leur si haute emprise,
Où la pensée avec le sens comprise
Leur sert de guide, et la raison d'escorte,
Pour expugner★ la place d'Amour forte :
Sachant très-bien que, quand désir s'ébat,
Affection s'escarmouche de sorte
Que contre veuil, sens et raison combat.

La Femme qui bat le beurre

« *Plus l'amollis, plus l'endurcis.* »

CDXX

Peu s'en fallait, encore peu s'en faut,
Que la Raison assez mollement tendre
Ne prenne, après long spasme, grand défaut,
Tant faible veut contre le Sens contendre*.
Lequel voulant ses grands forces étendre,
Aidé d'Amour, la vainc tout outrément*.
   Ne pouvant donc le convaincre autrement,
Je lui complais un peu, puis l'adoucis
De propos saints. Mais quoi ? plus tendrement
Je l'amollis, et plus je l'endurcis.

CDXXI

Voulant je veux que mon si haut vouloir
De son bas vol s'étende à la volée,
Où ce mien veuil ne peut en rien valoir,
Ni la pensée, ainsi comme avolée*,
Craignant qu'enfin Fortune, l'évolée,
Avec Amour, pareillement volage,
Veuillent voler le sens et le fol âge,
Qui, s'envolant avec ma destinée,
Ne soustrairont l'espoir qui me soulage
Ma volenté saintement obstinée.

CDXXII

Touché au vif et de ma conscience
Et du remords de mon petit mérite,
Je ne sais art, et moins propre science,
Pour me garder qu'en moi je ne m'irrite,
Tant cette aigreur étrangement dépite
En vains souhaits me rend si variable.
  Fût-elle, au moins, par vertu pitoyable
Mon dictamnum*, comme aux Cerfs Artémide[1],
Tirant le trait de ma plaie incurable,
Qui fait mon mal ardemment être humide.

CDXXIII

Respect du lieu, soulacieux* ébat
À toute vie austèrement humaine,
Nourrit en moi l'intrinsèque débat,
Qui de douleur à joie me pourmène,
Y fréquentant, comme en propre domaine,
Le Cœur sans règle et le Corps par compas*.
  Car soit devant ou après le repas,
Toujours le long de ses rives prochaines,
Lieux écartés, lentement pas à pas
Vais mesurant et les champs et mes peines.

CDXXIV

De corps très-belle et d'âme bellissime,
Comme plaisir et gloire à l'Univers,
Et en vertu rarement rarissime,
Engendre en moi mille soucis divers ;
Même son œil pudiquement pervers,
Me pénétrant le vif du sentement,
Me ravit tout en tel contentement,
Que du désir est ma joie remplie,
La voyant l'œil, aussi l'entendement,
Parfaite au corps, et en l'âme accomplie.

CDXXV

Bien que je sache amour et jalousie,
Comme fumée et feu, éclair et foudre,
Me tempêtant toujours la fantaisie,
En une fin sans jamais se résoudre ;
Je ne me puis, pourtant, d'erreur absoudre,
Cherchant toujours par ce Monstre terrible
De voir en moi quelque défaut horrible,
Trop plus assez qu'en mon Rival, régner ;
Comme l'on sait qu'avecques l'impossible
J'accuse autrui pour tout me condamner.

CDXXVI[1]

Finablement prodigue d'espérance,
Dont être avare est très-grande vertu,
De fermeté et de persévérance,
Me suis quasi de tous points dévêtu,
Estimant moins tout espoir qu'un fétu,
Fors* seulement pour l'Amant éprouver ;
Non que je veuille en effet réprouver
Ce bien, voyant que ne le puis acquerre,
Mais sûrement celui ne peut trouver
En autrui paix, qui à soi donne guerre.

CDXXVII

Force me fut (si force se doit dire
De se laisser à ses désirs en proie)
De m'emflamber de ce deuil mêlé d'ire,
Qu'Amour au cœur passionné octroie,
Quand je me vis (non point que je le croie,
Et si* le cuide*) être d'elle banni.
    Est-ce qu'ailleurs elle prétend ? nenni :
Mais pour* errer, comme malavisé.
    Aussi comment serais-je à elle uni,
Qui suis en moi outrément* divisé ?

CDXXVIII

Quoi que ce soit, amour ou jalousie,
Si tenamment en ma pensée ancrée,
Je crains toujours par cette frénésie,
Qu'en effet d'elle à autrui trop n'agrée
Chose par temps et devoir consacrée
À mon mérite, en palme de ma gloire.
    Car tout ce mal si celément* notoire
Par l'aveuglée et douteuse assurance,
À mon besoin se fait de peur victoire,
Avecques mort de ma faible espérance.

La Mouche

« Plus se hante, moins s'apprivoise. »

CDXXIX

Jà* soit-ce encor, que l'importunité
Par le privé de fréquentation
Puisse polir toute rusticité,
Tant ennemie à réputation,
Et qu'en son cœur fasse habitation
À la vertu gentillesse adonnée,
Étant en mœurs mieux conditionnée
Que nul qui soit quelque part qu'elle voise* :
Elle est (pourtant), en amours si mal née,
Que plus y hante, et moins s'y apprivoise.

Quoi qu'à malheur je veuille attribuer
Coulpe ou défaut qui à mon veuil conteste,
Si* me faut-il du cœur contribuer
À mon dommage assez et trop moleste*,
Pour parvenir au bien plus que céleste,
Comme je crois que me sera cettui.
   Car patience est le propice Étui,
Où se conserve et foi et assurance.
Et vraiement n'est point aimant celui
Qui du désir vit hors de l'espérance.

CDXXXI

Respect de toi me rendant tout indigne,
Pour révérer l'admirable prestance
De ta nature humainement bénigne,
Me fait fuir ta privée accointance
Par crainte plus que non point pour doutance
De tes doux arcs, me povant garder d'eux.
   Mais tout cœur haut, dont du mien je me deulx*,
En ce combat d'amoureux déplaisir
Vit un long temps suspendu entre deux,
L'espoir vainquant à la fin le désir.

CDXXXII

Sans autre bien qui fût au mal commode,
Avec le sens l'humain entendement
Ont gouverné mes plaisirs à leur mode,
Loin toutefois de tout contentement
Qui suffisait ; sans que récentement
Je sente, Amour, tes mordantes épinces*
Dont derechef encore tu me pinces,
Même cet An que le froid Allemand,
(Ô Chrétienté !) chassé de ses provinces,
Se voit au joug de ce grand Ottoman[1].

CDXXXIII

Je m'en éloigne et souvent m'en absente,
Non que je sois en si saint lieu suspect,
Mais pour autant que la raison présente,
S'éblouissant à son plaisant aspect,
Ne peut avoir tant soit peu de respect
À modestie, et moins d'elle jouir.
   Car, mon parler, toucher, voir et ouïr
Sont imparfaits, comme d'homme qui songe
Et pleure alors qu'il se dût réjouir
D'une si vaine et plaisante mensonge.

CDXXXIV

Ainsi absent, la mémoire posée
Et plus tranquille et apte à concevoir,
Par la raison étant interposée,
Comme clarté à l'objet qu'on veut voir,
Rumine en soi, et sans se décevoir
Goûte trop mieux sa vertu et sa grâce,
Que ne faisaient, présentés à sa face,
Les sentements, de leur joie enivrés,
Qui maintenant par plus grand' efficace
Sentent leur bien de leur mal délivrés.

CDXXXV

Or si le sens, voie de la raison,
Me fait jouir de tous plaisirs autant
Que ses vertus, et sans comparaison
De sa beauté toute autre surmontant,
Ne sens-je en nous parfaire en augmentant
L'hermaphrodite[1], efficace amoureuse ?
   Oh que douceur à l'Amant rigoureuse
Me dût ce jour pleinement asseurer
La Créature être en soi bienheureuse,
Qui peut autrui, tant soit peu, bienheurer !

CDXXXVI

Incessamment travaillant en moi celle
Qui à aimer enseigne et révérer,
Et qui toujours par sa douce étincelle
Me fera craindre ensemble et espérer,
En moi se voit la joie prospérer
Dessus la doute à ce coup sommeilleuse.
   Car sa vertu par voie périlleuse
Me pénétrant l'Âme jusqu'au milieu,
Me fait sentir celle herbe merveilleuse
Qui de Glaucus[1] jà me transforme en Dieu.

CDXXXVII

Être me dût si grand' longueur de temps
Expériment, avis et sapience,
Pour parvenir au bien que je prétends,
Où aspirer ne m'était pas science.
   Et toutefois par longue patience,
En mon travail tant longuement comprise,
Je la tenais déjà pour moi surprise
Et toute mienne, ô frivole espérance,
Mais tout ainsi que l'Aigle noir tient prise,
Et jà mépart* à ses Aiglons la France[1].

294

Le Chamois et les chiens

« Me sauvant je m'enclos. »

CDXXXVIII

Que je me fâche en si vain exercice
Comme le mien, certainement le fais,
Vu mêmement que d'un si long service
Ne vois encor sortir aucuns effets.
    Et si je quitte et le joug et le faix,
J'échappe à doute, espoir, ardeur, attente,
Pour choir ès mains de la douleur la.ente
Et du regret, qu'un autre aie le prix
De mon labeur. Dont en voie patente
Sauver me cuide*, et plus fort je suis pris.

CDXXXIX

Bien que raison soit nourrice de l'âme,
Alimenté est le sens du doux songe
De vain plaisir, qui en tous lieux m'entame,
Me pénétrant comme l'eau en l'éponge,
Dedans lequel il m'abîme et me plonge,
Me suffoquant toute vigueur intime.
    Dont pour excuse et cause légitime,
Je ne me dois grandement ébahir,
Si ma très-sainte et sage Diotime[1]
Toujours m'enseigne à aimer et haïr.

CDXL

Resplendissants les doux rais de ta grâce,
Et éclairant sur moi, mais sans effroi,
De mon cœur froid me rompirent la glace,
Indissolvable alors, comme je crois,
Par un espoir d'un gracieux octroi,
Que je m'attends de ta grâce piteuse*.
    Mon âme ainsi de sa paix convoiteuse
Au doux séjour, que tu lui peux bailler,
Se reposant sur ta douceur honteuse,
Ne se veut plus en autre travailler.

Donques après mille travaux et mille,
Rire, pleurer et ardoir* et geler,
Après désir et espoir inutile,
Être content, et puis se quereller,
Pleurs, plaints, sanglots, soupirs entremêler,
Je n'aurai eu que mort et vitupère* !
　Qui d'Amour fut par sa voulenté père,
À plus grand bien, et non à fin sinistre,
M'a réservé, voulant qu'à tous appère*
Que j'ai été de son vouloir ministre.

Pourrait donc bien (non que je le demande)
Un Dieu causer ce vivre tant amer ?
Tant de travaux en une erreur si grande,
Où nous vivons librement pour* aimer ?
　Ô ce serait grandement blasphémer
Contre les Dieux, pur intellect des Cieux.
Amour si saint, et non point vicieux,
Du temps nous pousse à éternité telle,
Que de la Terre au Ciel délicieux
Nous ôte à Mort pour la vie immortelle.

Combien qu'à nous soit cause le Soleil
Que toute chose est très-clairement vue ;
Ce néanmoins, pour trop arrêter l'œil
En sa splendeur, l'on perd soudain la vue.
   Mon âme ainsi de son objet pourvue
De tous mes sens me rend abandonné,
Comme si lors en moi, tout étonné,
Sémélé[1] fût en présence ravie
De son Amant[1] de foudre environné,
Qui lui ôtât par ses éclairs la vie.

CDXLIV

Nature au Ciel, non Péripatétique[1],
Mais trop plus digne à si douce folie,
Créa Amour saintement frénétique,
Pour me remplir d'une mélancolie
Si plaisamment, que cette qui me lie
À la Vertu, me pouvant consommer,
Pour dignement par Raison renommer
Le bien du bien qui, sans comparaison,
La montre seule, où je puisse estimer
Nature, Amour et Vertu et Raison.

CDXLV

Ainsi qu'Amour en la face au plus beau,
Propice objet à nos yeux agréable,
Haut colloqua* le reluisant flambeau
Qui nous éclaire à tout bien désirable,
Afin qu'à tous son feu soit admirable,
Sans à l'honneur faire aucun préjudice,
   Ainsi veut-il, par plus louable indice,
Que mon Orphée, hautement anobli,
Maugré la Mort tire son Eurydice
Hors des Enfers de l'éternel obli.

CDXLVI

Rien, ou bien peu, faudrait pour me dissoudre
D'avec son vif ce caduque mortel[1],
À quoi l'Esprit se veut très-bien résoudre,
Jà prévoyant son corps par la Mort tel,
Qu'avecques lui se fera immortel,
Et qu'il ne peut que pour un temps périr.
   Donques, pour paix à ma guerre acquérir,
Craindrai renaître à vie plus commode ?
Quand sur la nuit le jour vient à mourir,
Le soir d'ici est Aube à l'Antipode.

Le Tombeau et les chandeliers

« Après la mort, ma guerre encor me suit. »

CDXLVII

Si tu t'enquiers pourquoi sur mon tombeau
L'on aurait mis deux éléments contraires,
Comme tu vois être le feu et l'eau
Entre éléments les deux plus adversaires,
Je t'avertis qu'ils sont très-nécessaires
Pour te montrer, par signes évidents,
Que si en moi ont été résidents
Larmes et feu, bataille âprement rude,
Qu'après ma mort encore ci-dedans
Je pleure et ars* pour* ton ingratitude.

CDXLVIII

Vouloir toujours, où le povoir est moindre
Que la fortune, et toujours persister
Sans au devoir de la raison se joindre,
Contre lequel on ne peut résister,
Serait-ce pas au danger assister,
Et fabriquer sa déclination ?
Serait-ce pas, sans expectation
D'aucun acquêt, mettre honneur à merci,
Ou bien jouer sa réputation
Pour beaucoup moins qu'à Charles Landreci[1] ?

CDXLIX

Flamme si sainte en son clair durera,
Toujours luisante en publique apparence,
Tant que ce Monde en soi demeurera,
Et qu'on aura Amour en révérence.
   Aussi je vois bien peu de différence
Entre l'ardeur qui nos cœurs poursuivra
Et la vertu qui vive nous suivra
Outre le Ciel amplement long et large.
   Notre Genèvre* ainsi doncques vivra
Non offensé d'aucun mortel Létharge*.

301

FIN

Souffrir non souffrir

DOSSIER

Il subsiste bien des obscurités touchant des points importants de la vie de Scève, notamment ses dates de naissance et de mort. Ce que l'on connaît le mieux est son activité d'homme de lettres, grâce à son évidente notoriété.

Il naît à Lyon, vers 1500 pense-t-on, d'une famille bourgeoise très honorablement connue. Son père Maurice I, outre Maurice II (le nôtre), a également trois filles, Claudine, Jeanne et Sibylle. On trouve dans les nombreux catalogues des célébrités lyonnaises le nom de ces trois sœurs du poète, qui rimèrent quelque peu et sans prétention, de même que celui de ses cousins Guillaume Scève et Jean Scève, pour les mêmes raisons. Quant à son père Maurice I, c'était un magistrat, qui fut plusieurs fois conseiller de la ville de Lyon, lieutenant particulier de la sénéchaussée, « personnage notable et apparent » ; à l'avènement de François Ier il fut choisi par les échevins et envoyé en ambassade auprès du roi. Famille riche, semble-t-il. Plusieurs membres de cette famille (d'autres branches que celle de Maurice) joindront à leur bourgeoisie des titres de seigneurie, accédant à la petite noblesse de robe. C'est Maurice le poète (celui dont il est question désormais) qui fixe l'orthographe flottante de son nom, Scève, dédaignant l'étymologie latine fantaisiste de « saevus », sévère, sauvage.

Il reçoit une formation d'intellectuel. La première instruction se fait auprès d'un précepteur familial (le célèbre collège de la Trinité n'existait pas encore) et il achève peut-être ses études dans une université italienne, Bologne ou Pavie : ce n'est pourtant là qu'une hypothèse non confirmée, que peut suggérer l'étendue de son savoir ; son biographe le plus exigeant, Verdun-L. Saulnier, ne croit pas à ce voyage. Reste qu'en 1540 on lui voit le titre de « docteur », sans doute docteur en droit : sa famille pouvait le destiner à un office de robe ; comme il n'est pas docteur d'Avignon (son nom ne figure pas sur les listes de cette université bien connue), il peut avoir soutenu ses thèses dans une université italienne, parcours classique pour un étudiant de la vallée du Rhône. Mais le développement très large de l'imprimerie lyonnaise entre 1510 et 1530, et la fréquentation des cercles lettrés, ont sans doute fait autant que ses études pour sa culture.

Malgré des circonstances très favorables : la notoriété de sa famille, sa formation, Maurice Scève ne remplira jamais la moindre fonction de robe : il préférera, avec une honnête médiocrité de fortune, la vie de poète et d'humaniste. Dix années importantes et obscures restent muettes sur ses activités : 1520-1530. C'est dans ces années qu'il faut situer cette première passion amoureuse dont il parle au dizain CXII de *Délie* (si du moins elle a un véritable fondement biographique) : mais on n'en sait rien de plus. On a fait l'hypothèse qu'après ce tourment amoureux, Scève se serait tourné vers la vie religieuse : ce qui expliquerait son célibat, et qu'il n'ait pu épouser l'hypothétique Délie. Rien ne permet cependant de croire à cette vocation religieuse, ni le contenu poétique de l'œuvre, ni les signes objectifs de la carrière de Scève : on ne le voit bénéficiaire d'aucun office ecclésiastique. Tout au plus admet-on que dans ces années retirées il ait pu recevoir les ordres mineurs ; mais on ne voit ni l'intérêt ni le bien-fondé de cette hypothèse.

Son père mort en 1529, Scève devient le chef de famille. En 1530 il marie sa sœur Jeanne et la dote richement, joignant aux « deux mille écus d'or soleil » de l'héritage parental la moitié de tous ses biens personnels. Ce geste témoigne d'un choix du poète pour une vie modeste et méditative. Il est avéré qu'il va alors vivre en Avignon, vers 1530 ou 1531. On le voit attaché à la maison de Mgr Bontempo, vicaire de l'archevêque d'Avignon, probablement en qualité de secrétaire. En 1533, peut-être à la demande de puissants « patrons », il croit faire une très importante découverte archéologique : celle du tombeau de Laure, la Laure de Pétrarque, morte en Avignon près de deux siècles auparavant. Scève « découvre » cette tombe dans la chapelle de la Sainte-Croix, au couvent de Saint-François. Découverte hautement suspecte aux yeux des archéologues du XXe siècle : mais la bonne foi et le désintéressement de Scève ne sont aucunement en cause, et sa trouvaille le met assez brusquement dans les feux de l'actualité et de la notoriété. Au reste, on trouve ce que l'on souhaite obscurément trouver, et la dévotion de Scève pour l'« objet » de Pétrarque indique dans quelle lignée poétique il allait se placer. Toujours est-il qu'au cours de son voyage de mai 1533 pour s'entretenir avec le pape Clément VII à Aigues-Mortes (cf. D. XXVIII, note), François Ier fait étape en Avignon, et aurait rendu hommage au tombeau de Laure en cette occasion. Il y aurait improvisé une épigramme, que l'on a toutes raisons de croire due, en réalité, à la plume de Scève. Le roi ordonne alors que l'on élève à Laure un tombeau digne d'elle, et il aurait laissé aux cordeliers d'Avignon mille écus à cet effet : mais l'affaire n'aura pas de suite.

De retour à Lyon en 1535, Scève commence sa carrière littéraire par une traduction d'un roman espagnol de Jean de Flores, *La Déplorable Fin de Flamete*, lui-même tiré d'une nouvelle de Boccace ; peut-être une commande de libraire. En 1536, il envoie deux blasons pour concourir au fameux recueil de blasons dû à l'initiative de Marot : *La Larme*, et *Le Sourcil* qui reçoit la palme de cette sorte de concours poétique. Entre 1536 et 1539, il contribuera encore à amplifier le recueil avec les blasons du *Front*, de *La Gorge* et du *Soupir*. Ces blasons marquent le début de sa notoriété littéraire, et l'obligent à se plier à la forme brève et dense où il découvrira bientôt son véritable génie[1].

En 1536 meurt le dauphin François, dans des conditions alors jugées suspectes (cf. D. CXV et CXVI, notes). Cet événement fait lever toute une moisson poétique dans divers recueils. En particulier, Dolet réunit un *Recueil de vers latins et vulgaires*, véritable Tombeau du dauphin, auquel Scève contribuera avec une élégie et quatre épigrammes latines, deux huitains français et surtout sa grande églogue allégorique d'*Arion*. À cette époque, il s'inscrit essentiellement dans la lignée des Rhétoriqueurs, tout en travaillant dans un registre plus dense et exigeant.

Il engage avec Dolet une amitié nourrie d'estime réciproque et qui survivra à la chute de Dolet après ses années brillantes. Il est aussi en relation avec de nombreuses figures de la poésie lyonnaise, Nicolas Bourbon, Eustorg de Beaulieu, Charles de Sainte-Marthe... Scève, qui restera toujours dans une réserve pudique et hautaine, est sorti cependant de l'isolement.

On peut admettre, en gros, que sous le nom de Délie se cache Pernette du Guillet (avec toutes les réserves ailleurs formulées : cf. préface, p. 22-23). Les conjectures tirées du texte même de *Délie* permettent de dater la rencontre de 1536. Son mariage doit se situer en 1538 ; on ne sait pourquoi elle épousa M. du Guillet et non pas Scève. L'argument de l'état ecclésiastique est trop incertain pour pouvoir être avancé. Mais cette longue liaison à peu près complètement platonique, semble-t-il, se poursuit presque jusqu'à la mort de

---

1. On peut lire ces blasons dans le volume où nous avons réuni les *Œuvr* *poétiques* de Louise Labé, les *Rymes* de Pernette du Guillet et un ~ch~ix de *Blasons du Corps féminin*, « Poésie/Gallimard », 1983.

Pernette en 1545 ; les derniers dizains de *Délie* (CDXII-CDXLIX) donnent toutefois à penser que les relations des dernières années s'espacent, pour se terminer par un congé définitif ; liaison ponctuée d'obstacles, et notamment de séparations dont nous ne connaissons pas la chronologie. Pernette avant sa mort aura eu le temps, et sans doute la joie, de voir paraître la *Délie*. Ses *Rymes* sont publiées en 1545 par Antoine du Moulin, à la demande instante du mari.

En 1538 paraît anonymement un recueil appelé le *Petit Œuvre d'amour, et gaige d'amitié*, qui semble attribuable à Scève et qui témoigne d'une autre passion du poète, sensuelle et violente, pour une Françoise Péchaud. De 1537 à 1540, Scève, personnage notoire, participe à l'organisation des fêtes que connaît Lyon à cette époque : les fêtes de la Basoche lyonnaise en 1537 ; un pèlerinage de 1539 à l'Île-Barbe près de Lyon, en majeure partie commandité par le cardinal Jean de Lorraine ; plus officielle, en 1540, l'entrée d'Hippolyte d'Este, nommé archevêque de Lyon ; plusieurs années plus tard, à la suite de cette Entrée, on confiera à Scève un rôle essentiel dans la grande Entrée d'Henri II à Lyon en 1548.

Au printemps 1544 paraît *Delie object de plus haulte vertu*. Bien que certaines pièces suggèrent la date de 1533, il semble que la conception générale du recueil se situe vers 1538.

Dès 1542, Scève se retire plusieurs fois à la campagne près de Lyon, peut-être à l'Île-Barbe, retraite qui deviendra stable entre 1543 et 1547. Il y élabore sans doute son poème de la *Saulsaye, eglogue de la vie solitaire*, qu'il signe de la devise déjà employée dans *Délie*, « Souffrir non souffrir ». Outre la mort de Pernette, cette période est marquée par des deuils : son cousin Guillaume en 1546, en 1547 le roi François, figure héroïque et révérée ; ils donnent à la *Saulsaye* un accent secret.

La *Saulsaye* paraît en 1547. Cette même année Scève, entouré de respect depuis *Délie*, rentre brillamment dans la vie lyonnaise en assurant une sorte de surintendance artistique de l'Entrée d'Henri II à Lyon, qui aura lieu le dimanche 23 septembre 1548, et dont les fêtes se poursuivront pendant une semaine. Entre 1547 et 1550 Scève ne donne que quelques pièces liminaires pour des recueils d'amis et la traduction de deux Psaumes. L'année 1549 voit l'éclat du manifeste de Du Bellay, la *Deffence et Illustration*... Scève n'est pas inclus dans la réprobation dédaigneuse où la Pléiade englobe les poètes qui la précèdent. Cependant il ne répond pas aux invites du programme de Du Bellay.

Jusqu'en 1555, sans publier, il semble participer à la vie des cercles lyonnais. Il contribue par un sonnet au recueil d'hommages poétiques qui accompagnent les *Œuvres* de Louise Labé, publiées en 1555. Les années qui suivent sont totalement obscures. On peut faire l'hypothèse d'une nouvelle retraite à l'Île-Barbe. Il consacre son temps, en tout cas, à la rédaction de son dernier grand poème, *Microcosme*.

L'œuvre paraît en 1562, anonymement comme les autres, signée seulement de la devise « Non si non la ». Ces trois livres de « trois mille et trois vers » sont pourtant, au témoignage même du texte, achevés en 1559, l'année de la paix de Cateau-Cambrésis. On n'a plus aucune trace de Scève après cette date, si ce n'est une pièce liminaire pour une œuvre parue en 1563, mais que le poète avait pu donner à l'auteur, son ami, bien avant la parution. Une tradition situe la mort de Scève en 1560. Elle ne fut saluée par aucun hommage poétique. La renommée de Scève s'éclipsait devant la Pléiade triomphante. La figure secrète et hautaine du poète n'aura jamais été illuminée que par l'éclat de ses œuvres.

INDICATIONS BIBLIOGRAPHIQUES

Nous citons ici quelques ouvrages importants pour le texte et dans la perspective que nous avons choisie ; ils ne constituent pas la base d'une bibliographie scientifique.

ÉDITIONS

Delie object de plus haulte vertu. Lyon, Sulpice Sabon, pour Antoine Constantin, 1544.

Delie object de plus haulte vertu. Paris, 1564. Réimpression par Nicolas du Chemin. (Emblèmes refaits.)

Maurice Scève. Délie object de plus haulte vertu. Éd. critique avec introduction et notes par Eugène PARTURIER. Paris, Hachette, 1916. (Avec reproduction des emblèmes de 1544.)

Œuvres poétiques complètes de Maurice Scève..., réunies pour la première fois par Bertrand GUÉGAN, avec introduction, glossaire, notes, bibliographie. Paris, Garnier, 1927. (Sans les emblèmes.)

Albert-Marie SCHMIDT : *Poètes du XVIe siècle. Scève, Delie object de plus haulte vertu,* p. 75-224. Paris, « Bibliothèque de la Pléiade », Gallimard, 1953. (Sans les emblèmes.)

The « Delie » of Maurice Scève, edited with an introduction and notes by I.D. McFARLANE. Cambridge University Press, 1966. (Édition critique, avec les emblèmes de 1544.)

Maurice Scève. Œuvres poétiques complètes. Édition par Hans STAUB. Paris, 10/18, Union Générale d'Éditions, 2 vol., 1970-1971. *Délie* : t. I. (Sans les emblèmes.)

Maurice Scève. Œuvres complètes. Édition par Pascal QUIGNARD. Paris, Mercure de France, 1974. (Sans les emblèmes.)

Citons encore : *La* Délie *de Maurice Scève et ses cinquante emblèmes, ou les noces secrètes de la poésie et du signe*, de Paul ARDOUIN (Paris, Nizet, 1982, avec les emblèmes de 1544). Cette édition donne le texte de la *Délie*, dont chaque neuvaine, intitulée « chant », est accompagnée d'un commentaire abondamment illustré, d'esprit ésotérique, qui la sépare de la suivante.

AUTOUR DE *DÉLIE*

Verdun-L. SAULNIER : *Le Prince de la Renaissance lyonnaise, initiateur de la Pléiade, Maurice Scève...*. Thèse principale pour le doctorat ès Lettres. Paris, Klincksieck, 1948. Chap. XI à XIII.
Henri WEBER : *Le Langage poétique de Maurice Scève dans la Délie.* Florence, Public. de l'Institut français, 1948.
Odette de MOURGUES : *Metaphysical, Baroque and Precieux Poetry.* Oxford Clarendon Press, 1953.
Henri WEBER : *La Création poétique au XVIe siècle en France.* Paris, Nizet, 1956. Chap. IV.
Enzo GIUDICI : *Maurice Scève poeta della « Delie »*. I, Rome, Édizione dell' Ateneo, 1965. II, Naples, Liguori, 1969.
Hans STAUB : *Le Curieux Désir. Scève et Peletier du Mans, poètes de la connaissance.* Genève, Droz, 1967.
Georges POULET : « La poésie de Maurice Scève », dans *NRF*, janvier 1967. Repris dans : *Études sur le temps humain*, IV, *Mesures de l'instant*. Paris, Plon, 1968.
Jacqueline RISSET : *L'Anagramme du désir. Essai sur la Délie de Maurice Scève.* Rome, Bulzoni, 1971.
Pascal QUIGNARD : *La Parole de la Délie.* Paris, Mercure de France, 1974.
Dorothy G. COLEMAN : *Maurice Sceve poet of love.* Cambridge University Press, 1975.

LES EMBLÈMES

Mario PRAZ : *Studies in seventeenth century imagery.* Londres, Warburg, 2 vol., 1939, 1947 (rééd. Rome, Ed. di Storia e Letteratura, 1964).
Robert KLEIN : « Théorie de l'expression figurée dans les traités italiens sur l'"imprese" », dans : *Bibliothèque d'Humanisme et Renaissance*, XIX, 1957.
Repris dans : *La Forme et l'intelligible. Écrits sur la Renaissance et*

l'art moderne. Paris, « Bibliothèque des Sciences humaines », Gallimard, 1970 (rééd. « Tel », 1983).

Guy de TERVARENT : *Attributs et symboles dans l'art profane 1450-1600*. Genève, Droz, 1958.

Fernand HALLYN : « Les Emblèmes de *Délie* : propositions interprétatives et méthodologiques », dans : *Revue des Sciences humaines*, 51, 1980.

Dorothy G. COLEMAN : *An illustrated love Canzoniere, the « Delie » of Maurice Scève*. Genève, Slatkine, 1981.

L'Emblème à la Renaissance. Actes..., publiés par Yves GIRAUD. Paris, SEDES-CDU, 1982.

Marcel TETEL : *Lectures scéviennes. L'emblème et les mots*. Paris, Klincksieck, 1983.

NOTES

Page 52.   DIZAIN II

1. Le Naturant : le créateur de la nature, Dieu.

2. Pandora : la donatrice maléfique qui fit don aux hommes de tous les maux. Dans les légendes orphiques, elle est associée à Hécate, l'une des figures de Délie pour Scève. Cf. préface p. 30.

Page 53.   IV

1. Empyrée, neuf Cieux : dans la cosmogonie pythagoricienne, l'Empyrée est le plus élevé de ces neuf cieux, il est la demeure de Dieu.

Page 55.   EMBLÈME I

1. Devise « Pour *le* voir... » : l'examen précis des gravures oblige, contre l'avis de V.-L. Saulnier et D.G. Coleman, à maintenir cette lecture. Comprendre : « A cause du voir, du sens de la vue... »

Quant au riche symbolisme de la licorne, rappelons seulement que, liée à la chasteté, la pureté, la guérison, mais aussi, dans une tradition parallèle, à la violence sexuelle incontrôlée (*il licorno*), la licorne ne peut être capturée qu'avec l'aide d'une pucelle. Voyez préface p. 20.

Page 57.   IX

1. Hémonie : autre nom de la Thessalie.
2. Exaspérée : ici, privée d'espoir.

Page 58.   XI

1. L'Adultère : Apollon, le Soleil, amant de Thétys, épouse de l'Océan. Clytie et Adonis, liés à la légende d'Apollon, sont des personnages métamorphosés en fleur. Le sens général est : quand le soleil se couche, les fleurs semblent se faner, mais en réalité persisteront.

Page 60.   XV

1. Ce grand Monstre : renvoie à « vil Siècle avare » : Léviathan ou Bête de l'Apocalypse. Dans l'iconographie, une femme est souvent représentée la tête couronnée d'étoiles, debout sur un croissant de lune, écrasant le monstre abattu. Étoiles et lune peuvent évoquer la figure de l'emblème.

Page 61.   XVII

1. Ce dizain utilise le procédé classique des « adunata », les choses impossibles.
2. L'un et l'autre Monts : collines de Lyon, Fourvière et la Croix-Rousse.

Page 62.   XIX

1. Vassal : le connétable de Bourbon, qui trahit François Ier pour Charles Quint et contribua à la défaite de Pavie en 1525.
2. Greigneur : forme vieillie du superlatif « la plus grande » ; allusion ironique, selon Saulnier, à « la part du lion ».

Page 63.   XX

1. Purger l'offense : le Connétable mourut au siège de Rome en 1527 ; Florence était aux côtés de la France contre Charles Quint.

XXI

1. Cerf volant : fait allusion aux armes du Connétable. « Autruche » : Autriche ; évoque Charles Quint.

Page 64.   XXII

1. Ce dizain fait allusion au triple caractère associé à l'image de Diane : lune ou Cynthie, régnant dans le ciel, Artémis chasseresse, régnant sur terre, Hécate, régnant « parmi les Ombres », déesse infernale. Mais on peut observer le déplacement très fort de la Diane terrestre « infuse dans [ses] veines ». « Comme Hécaté » : comprendre : « en tant que, puisque tu es Hécaté. »

Page 66.   XXV

1. Tu : renvoie à « Amour » qui apparaît v. 7.
2. Examine/Néronnerie : envisage un supplice excessif.

314

1. *Une nuit* : une légende veut que Lyon ait été une fois détruit par le feu, les dieux voulant punir les habitants de leur impiété.

Page 67. XXVIII

1. *Ce grand Pape* : Clément VII débarqua à Marseille le 15 octobre 1533 pour rencontrer à Aigues-Mortes François Ier ; il devait négocier le mariage du futur Henri II avec Catherine de Médicis. L'idée est ici d'associer dans un espoir heureux mariage et honnête amour ; mais on ne peut préciser plus. Il ne saurait s'agir du mariage de Pernette du Guillet, qui eut lieu cinq ans plus tard et dont Scève pouvait n'avoir aucun lieu de se réjouir.

Page 68. XXIX

1. *Il* : le cœur (de l'Amant-Poète).

XXX

1. *Dorion* : remède présumé guérir les blessures de serpent.

Page 69. XXXI

1. *Les tristes Sœurs* : adultère, viol, sadisme, infanticide, cannibalisme sont associés dans la légende de Procné et Philomèle, les deux filles du roi Pandion ; fuyant devant Térée, l'époux de Procné, elles obtinrent d'être métamorphosées en hirondelle et rossignol. Il semble n'y avoir là qu'une façon de dater une saison intermédiaire entre printemps et été, symbolique du nouvel « innamoramento » du poète. Mais les détails atroces de la légende, voilés par la noble expression « l'antique offense », donnent au dizain sa violence secrète.

2. *Vaine foi...* : cette anecdote de la vie amoureuse (un soupçon injuste) est rappelée aux dizains XXXII et XXXIV.

Page 70. EMBLÈME IV

1. *Plus (je) l'attire, plus (il) m'entraîne* ; allégorie probable de la passion : l'homme est entraîné par un bouvillon qu'il tente en vain de retenir. Dans la langue de l'époque, on peut employer indifféremment « bœuf » pour bouvillon ou taureau. Cf. emblème XXXVIII.

Page 71. XXXIV

1. Cf. dizain XXXI, note 2.

2. *Autrui faute* : avec valeur de génitif ou d'adjectif : « pour la faute d'autrui ».

Page 72.   XXXVI

1. Le Forgeron : Vulcain.

2. Trait d'or : allusion à la légende selon laquelle il y aurait deux sortes de flèches amoureuses : les unes armées d'or (qui portent à aimer), les autres de plomb (qui portent à repousser). Ce thème sera encore développé dans le dizain suivant.

XXXVII

1. Voyez dizain XXXVI, note 2.

2. Comme : en tant que ; parce qu'il est...

Page 73.   XXXIX

1. Aveugle Nocher : l'amour. Le thème de ce dizain est un lieu commun de la vie amoureuse.

Page 74.   XL

1. Cherté : McFarlane lit cette phrase en donnant à « cherté » son sens de « manque », et en comprenant « ce que » comme « ce dont » : « sans la priver de ce qu'elle m'accorde si parcimonieusement ». On peut aussi entendre cherté au sens, déjà vieilli mais attesté chez Jean Lemaire, d'« affection », et lire : « sans la priver, puisqu'elle a pour moi grande affection ». Il est probable que l'ambiguïté est voulue par Scève.

XLI

1. Ficinisme un peu laxiste ; car le « toucher » pour Ficin n'est pas un sens anoblissant, mais interdit. Cf. aussi le D. CDXXXIII.

Page 75.   XLII

1. Puits : le foie.

Page 76.   XLIII

1. Sache : de « sachier », ancien français, « retenir ».

Page 77.   XLVI

1. Le Cerf apparaîtra à l'emblème XVIII. Il fait partie des attributs associés à Diane ; il est aussi lié à la métamorphose d'Actéon (et par là encore au mythe de Diane) : cf. emblème XIX.

Page 79.   XLIX

1. Faut : de « faillir » : il s'en faut que...

Page 81.   LII

1. Cette représentation est peut-être animée par la même pensée

que l'emblème XXVIII, dont la devise est, exceptionnellement, glosée sur quatre vers, et dont le dernier mot est « gloire » (D. CCXLIX).

LIII

1. Ce dizain (de même que les suivants jusqu'au D. LV) fait allusion à la captivité de François Ier à Madrid après la défaite de Pavie (1525), puis à son retour en 1526.

Page 82.   LIV

1. Hoir : Charles Quint, premier dignitaire de la Toison d'Or, est ainsi l'hoir (héritier) de Jason.

LV

1. L'Aigle : Charles Quint ; l'aigle impériale est l'emblème de la Maison d'Autriche (« Autruche », v. 9). « Autruche errante » fait allusion au médiocre succès de Charles Quint lors de son expédition de Provence en 1536.
2. Ces vers renvoient à l'expédition de Charles Quint à Tunis en 1535, partie de son expédition contre les Turcs. Le « nouveau Monstre » est le pirate turc Khayr-al-Din, dit Barberousse, qui défendait Tunis avec l'accord du sultan Soliman ; il devait s'allier aux Français contre Charles Quint en 1543.

Page 83.   LVII

1. Ce dizain a beaucoup exercé l'imagination et le savoir des commentateurs. En tout état de cause, il est suffisant de se représenter un jeu d'enfants où un joueur, les yeux bandés, est poursuivi par d'autres : ce jeu de dupe forme la métaphore fondamentale du dizain.

Page 84.   LIX

1. Die : subjonctif de « dire ». Scander : te di-e.

Page 85.   LX

1. À vivre il me désire : il désire que je vive.

Page 86.   LXII

1. Procyon : constellation qui se lève avant la Canicule.
2. Sens peu clair : éprouver les affres du Jugement dernier ?

Page 87.   LXIV

1. Bruyant : participe du verbe « bruire ».
2. Cf. D. XIII.

1. Maudite : rime équivoquée ; dans la graphie ancienne : « maudicte » (et plus bas « interdicte »).

1. Machine : désigne Délie ; terme de la théologie néo-platonicienne pour désigner l'être humain.

1. Fuyant les Monts : participiale ; « lorsque fuient les Monts... »

1. Le « Mer... ci » non prononcé : dans le code courtois, le don de merci est l'union charnelle.

1. Prometheus complément d'objet ; sujet de « tourmente » : « ce mien malheureux vivre ».

1. L'Amour aux yeux bandés est souvent utilisé comme symbole dans la casuistique amoureuse. Il fait le sujet du *Débat de Folie et d'Amour* de Louise Labé (1555), qui soutient qu'au cours d'une querelle, Folie a arraché les yeux d'Amour et les lui a bandés ; elle est condamnée par les dieux à toujours accompagner Amour.

1. Ce dizain illustre le thème de la calomnie par l'exemple de Catherine Howard, répudiée par Henry VIII et exécutée en 1542.

1. Transcription libre d'un poème latin de Jean Visagier (Vulteius), l'un des poètes notables du milieu lyonnais, en treize vers, « Vulteius de se, Venere et Cupidine ».

1. Ganges : le Gange ; Bétis : nom classique du Guadalquivir ; métonymie pour : ... s'étendra au-delà des bornes de l'Orient et de l'Occident.

1. Dieu volant : l'Amour.
2. A chef de temps : après longtemps.
3. Vexation : sujet de « rendit ».

1. Mont : le mont Fourvière, selon son étymologie populaire « Forum Veneris ».

Page 105. EMBLÈME XI

1. Phénix : emblème richement exploité au XVIe siècle, il métaphorise souvent le Poète (que la gloire fait renaître de ses cendres). Oiseau unique, il est aussi à ce titre synonyme d'excellence. Ici Scève s'identifie au Phénix ; mais au D. CLVIII, v. 7, c'est Délie qu'il qualifie ainsi.

Page 106. XCVIII

1. Dieu imberbe : Apollon, le Soleil.
2. La torture nocturne de l'Amant (ou l'Amante) à l'heure où tout repose est un thème fréquent de la poésie érotique. Cf. Louise Labé, sonnet V (« Claire Vénus... »).

Page 108. CII

1. Daphné : nymphe aimée d'Apollon, qu'elle fuit. Pour échapper au désir du dieu, elle sera métamorphosée en laurier. Une variante de la légende en fait aussi une favorite d'Artémis.

Page 109. CIV

1. Satirisait : ici, sans idée de satire mordante = « chantait gaiement » ; « son rond Colisée » signifie simplement « théâtre ».

Page 110. CV

1. Die : subjonctif de « dire ».

Page 111. CVI

1. Sur ce dizain, voir D. XCVIII, note 2.

Page 113. CXI

1. Montgibel : l'Etna, chez Pétrarque.

Page 114. CXII

1. On se fonde sur ce quatrain de caractère biographique pour dire que l'amour de Délie fut précédé, dans la jeunesse du poète, d'une période de passions, qui connut ensuite quinze ans de répit.

2. Circuit Plancien : métonymie de Lyon ; Plancus, gouverneur de la ville sous César, l'avait ceinte d'un rempart.

CXIII

1. Humeur : liquide ; = ses larmes.

Page 116. CXV

1. Superbe Toison : métonymie de Charles Quint ; il était (à tort) supposé avoir empoisonné le dauphin François, mort en 1536.

CXVI

1. Ce dizain, abandonnant provisoirement le thème amoureux, poursuit le motif de la forfaiture de Charles Quint.

Page 118. CXIX

1. Lairrait : conditionnel de « laisser ».

Page 119. CXXI

1. Avoir perdu : après avoir perdu (fait de langue habituel au XVIe siècle).

Page 122. CXXVI

1. Variation sur le thème traditionnel du plaisir en rêve. Voir par exemple Louise Labé, sonnet IX (« Tout aussitôt... »), Ronsard, *Sonnets pour Hélène*, II, 42 (« Ces longues nuits d'hiver... »).
2. Songe : le Songe (rêve) personnifié.
3. Attrait : du verbe « attraire » (attirer) ; sujet : « celle-là » ; « l' » : mon esprit.
4. Endymion, aimé de la lune, est plongé dans un sommeil éternel qui lui conserve sa jeunesse. C'est dans cette léthargie que la lune s'unit à lui.

Page 123. CXXVIII

1. Ce bas Soleil : Délie.

CXXIX

1. Ténèbres d'Égypte : (le *p* ne se prononçait pas) qualificatif d'excellence ; allusion à l'Exode, X, 21 (les ténèbres, neuvième plaie).

Page 124. CXXX

1. On laisse à : on laisse de, on omet de.

320

CXXXI

1. Dans ce dizain, Scève oppose la « Delia » chasseresse mythique (l'un des aspects de Diane-Artémis) à sa Délie terrestre.

Page 126.   CXXXIV

1. Lui : le mari de Délie, dont c'est ici la première apparition manifeste.

Page 127.   CXXXVI

1. Jeu d'échange poétique : cf. l'épigramme XIII de Pernette du Guillet (on ne peut préciser laquelle répond à l'autre) :

> *L'heur de mon mal, enflammant le désir,*
> *Fit distiller deux cœurs en un devoir :*
> *Dont l'un est vif pour le doux déplaisir,*
> *Qui fait que Mort tient l'autre en son pouvoir.*
> *Dieu aveuglé, tu nous as fait avoir*
> *Du bien le mal en effet honorable :*
> *Fais donc aussi que nous puissions avoir*
> *En nos esprits contentement durable !*

(Dans notre Louise Labé, « Poésie/Gallimard », p. 39.)

Page 129.   CXXXIX

1. Celui : César (lieu commun poétique).

Page 131.   CXLIII

1. Serpent élevé : le serpent d'airain dressé par Moïse lors de sa traversée du désert pour la protection des Hébreux (Nb XXI, 4-9).

Page 133.   CXLVII

1. Morus : le chancelier Thomas More, exécuté sur l'ordre d'Henry VIII pour sa résistance religieuse au divorce du roi (1535).

Page 134.   CXLIX

1. Hélicon : mont de Béotie, emblème de la poésie ; le cheval Pégase y fit jaillir d'un coup de sabot la source Hippocrène.

Page 137.   CLIV

1. L'un et l'autre : la mort et l'amour sont figurés chacun par une série de termes : Mort, Parque, Atropos = l'« autre » ; Cupidon, l'enfant, l'Archer = l'« un ».

1. Consort : son mari.

1. Phénix : cf. emblème XI, note.

1. Pour elle ... : de ce qu'elle a méfait.

1. Dathan et Abiron se révoltèrent contre Moïse et furent miraculeusement engloutis par la terre.

1. Verdun-L. Saulnier propose à titre d'exercice une sorte de traduction prosaïque des premiers vers de ce dizain : « Aucun jugement porté sur cet infini (de vertus, à savoir Délie) qui déborde toute construction de l'esprit, ni la plus perspicace finesse d'esprit, ne sauraient être adéquats à exprimer sa perfection en son entier. » Scève a ici accumulé les obstacles de lecture, essentiellement grâce à la substantivation des adjectifs et l'emploi des abstraits (« aigu de perspicuité »). Il n'est pas sûr qu'il n'y ait pas mis quelque ironie.

2. Bersabée : Bethsabée.

3. Le flagrant : la fragrance, le parfum.

1. Actéon : un des grands symboles de la poésie amoureuse. Ce maître de la chasse, élevé par le centaure Chiron, s'éprit d'Artémis en l'épiant comme elle se baignait nue. La déesse le métamorphosa en cerf : ses cinquante chiens ne reconnurent pas sa voix et le dévorèrent. Actéon illustre l'interdit du regard ; sa métamorphose en cerf le rattache encore étroitement aux attributs de Diane-Artémis.

1. Enfant inhumain : l'Amour.

1. V. 1-2 : l'automne en son début fait revivre un printemps.

CLXXII

1. V. 1-4 : description métaphorique de l'Aimée ; « alebâtre, ivoire » renvoient au teint ; « union » (perle), chaîne, émail, ceint (ceinture), aux bijoux et ornements que porte Délie.

2. Bleu : allusion au symbolisme des couleurs ; plusieurs codes rivalisent au XVIe siècle sans beaucoup de cohérence. Scève choisit ici de symboliser la fermeté par le bleu. Ce jeu se poursuit au dizain suivant, où le bleu dénoterait plutôt les « vertus » de Délie en général. Ces deux dizains forment une sorte de blason des beautés de Délie.

Page 151. CLXXIX

1. Celui, cette : Amour et Raison.

Page 152. CLXXXI

1. Le oui et le non, personnifiés, combattent à coups de poing (ou-i : deux syllabes).

Page 159. CXCIII

1. Ton rond : ton visage.

Page 160. CXCV

1. Arbitre : le libre arbitre.

Page 162. CXCIX

1. Serpent Royal : la Salamandre ; image courante dans la tradition pétrarquisante, et en outre l'un des emblèmes de François Ier.

Page 163. CC

1. Monts : se réfère au paysage lyonnais.

CCI

1. Dodone : selon Pline, la fontaine de Dodone en Épire était censée éteindre les torches allumées et raviver les torches éteintes.

Page 164. CCII

1. Enfant : Cupidon.

Page 166. CCVI

1. Le suspect : la suspicion ; « agent » : cause.

Page 172. CCXVII

1. Thème, courant dans la tradition pétrarquiste, des deux amours, l'un spirituel et pur, l'autre (Cupido) sensuel, aveuglant l'Amant et le détournant de la poursuite du Bien ; voir préface p. 34.

Page 173. CCXVIII

1. Utérins frères : voir dizain précédent, note.

Page 176. CCXXIII

1. Datation astrologique ; entre le 21 avril et le 20 mai.

CCXXIV

1. Épithète d'excellence ; allusion aux plaies d'Égypte.

Page 180. EMBLÈME XXVI

1. La singularité de cet emblème vient de l'association inhabituelle de la licorne et du sentiment d'épouvante ; la licorne symbolise habituellement la pureté, et sa corne trempée dans une eau la rend saine et pure. L'emblème est préparé par le dizain précédent. Voir préface p. 20.

Page 182. CCXXXV

1. Soleils : ses yeux.

Page 184. CCXXXVIII

1. Sœurs dépiteuses : Procné et Philomèle ; voir D. XXXI, note 1.

Page 185. EMBLÈME XXVII

1. On croyait que la vipère mourait en donnant naissance à ses vipéreaux ; cette légende remonte à Pline.

Page 186. CCXLI

1. Peut-être allusion à un pèlerinage à Notre-Dame de Fourvière.

CCXLII

1. Cité : Lyon, répartie autour de ses deux fleuves.

Page 187. CCXLIII

1. Influence : métaphore astrologique ; les yeux de Délie, étant des étoiles, sont censés exercer leur « influence » sur le destin de l'amant comme sur le monde. La métaphore de l'étoile, guide des

navigateurs (lieu commun de la poésie amoureuse), se poursuit aux vers 7-10.

Page 189.   CCXLVII

1. Papegaux, ... « impétueuse et roide » : souvenirs directs de Jean Lemaire.

Page 191.   CCL

1. V. 9-10 : formulation fortement elliptique : par tes traits (« ceux-ci ») tu tires le sang bien maigrement, mais elle par les siens tire l'âme et la vie.

CCLI

1. Allusion au mariage de l'Aimée.

Page 192.   CCLII

1. Plu : de pleuvoir, employé transitivement (objet interne).

Page 193.   CCLIV

1. Nouvelle référence à une symbolique des couleurs.
2. Marguerite : Marguerite de Navarre, sœur de François Ier ; mais « marguerite » signifie aussi « perle » : dont l'irisation peut rassembler les couleurs et vertus citées plus haut. Cf. D. CCLV.

CCLV

1. Cytharée : Vénus ; « hors » est ici adverbe.
2. Procné : l'hirondelle ; voir D. XXXI, note.
3. Marguerite : évoque Marguerite de Navarre ; le Lys : emblème royal = François Ier, dont la marguerite-perle rehausse la gloire ; voir dizain précédent.

Page 194.   CCLVII

1. Le, lui : mon cœur.

Page 201.   CCLXVIII

1. Yeux feints (représentés) : les yeux qui couvrent le « plumage » d'Argus.

Page 202.   CCLXX

1. Argument : Scève écrit en 1536 un Blason du Sourcil (voir notre Louise Labé, « Poésie/Gallimard », p. 137).

Page 205.   CCLXXVI

1. Cuidant... : proposition participiale : alors que nos ans cuident...

1. Apelles : Apelle, peintre de l'époque alexandrine, symbole du grand peintre dans la tradition poétique au XVIe siècle.

2. Benedetto Dal Bene : portraitiste florentin qui travaillait à Lyon dans les années 1530-1540.

Page 207.   CCLXXX

1. Où bien vivre : où je pourrais bien vivre.

Page 208.   CCLXXXII

1. Basse Planète : la lune, emblème de Délie ; son frère : le soleil.

2. As regard : tu t'occupes de.

Page 209.   CCLXXXIII

1. Tanaïs : le fleuve Don ; les trois fleuves circonscrivent un espace supposé être « tout le monde connu ».

CCLXXXIV

1. Thulé : les Shetland ou l'Islande ; dans l'antiquité, limites septentrionales du monde connu.

Page 215.   CCXCIV

1. À quoi... ? : à quoi bon... ?

Page 216.   CCXCVI

1. Ton Soleil dextre : ton œil droit.

Page 217.   CCXCVIII

1. Celle Province : la Picardie ; les Charles : le Téméraire, battu à Beauvais en 1472, Charles Quint à Landrecies en 1542.

Page 220.   CCCIII

1. Œil du Monde : le soleil.

Page 221.   CCCV

1. L'année 1536 voit en Hollande la mort d'Érasme, et en France celle de Lefèvre d'Étaples.

Page 223.   CCCVIII

1. Mur... en Babyloine : le mur qui séparait Pyrame et Thisbé dans leurs rendez-vous.

Page 224.   CCCX

1. Apollo : déçu dans sa poursuite de Daphné, qui fut transformée en laurier (voir D. CII, 10).

CCCXI

1. L'avoir vaincu : après l'avoir vaincu.

Page 227. CCCXV

1. Haine : peu clair ; on peut comprendre : en dépit des envieux (mentionnés au dizain précédent, v. 9).

Page 228. CCCXVIII

1. V. 8-10 : allusion à l'entrevue de 1538 où François Ier et Charles Quint signèrent une trêve.

Page 229. CCCXIX

1. Ascendant, aspect : termes d'astrologie.

Page 231. CCCXXIII

1. Savoie : allusion à l'intervention de François Ier en Savoie en 1536 contre le duc Charles III, le « persécuteur » ici mentionné.

Page 232. CCCXXIV

1. Vermeilles roses : les lèvres de Délie.

Page 234. CCCXXIX

1. Cocodrille : le crocodile, parfois confondu avec le Basilic, était censé poursuivre qui le fuit, et fuir qui le poursuit.

Page 236. CCCXXXI

1. Ce dizain se réfère à l'ancienne physiologie des larmes : produites par le cœur, elles montent aux yeux et dévalent de nouveau sur la poitrine, formant ainsi une sorte de clepsydre (« hydraule »).

Page 238. CCCXXXVI

1. Vites : souvent adjectif au XVIe siècle ; rapides.

Page 239. CCCXXXVII

1. Qu'affection : ce qu'affection...

CCCXXXVIII

1. S'y : 1544-1564 : « si » ; correction proposée par I. D. McFarlane.

Page 240. EMBLÈME XXXVIII

1. Bœuf : taureau ; voir emblème IV, note.

Page 241. CCCXL

1. Avoir : après avoir.
2. Vites : cf. D. CCCXXXVI.

Page 243.   CCCXLV

1. Te : le luth, thème développé au dizain précédent.

Page 246.   CCCXLIX

1. Ce dizain reprend le thème de l'anneau, déjà traité au dizain
CCCXLVII.

Page 247.   CCCLI

1. Anges : les belles dames.

CCCLII

1. Le Cerf : rapprocher cette image de l'emblème XVIII.

Page 248.   CCCLIII

1. Terre de Lemnos : argile rouge dessiccative.
2. Dictynne : assimilée à Diane chasseresse ; elle échappa à Minos
par la mer.

Page 249.   CCCLV

1. Transparent : transparaissant.

CCCLVJ

1. Titan : le soleil ; selon l'une des légendes complexes touchant
les Titans, petit-fils d'Ouranos, le Ciel.
2. Cynthia : Diane-Artémis, née sur le Cynthe à Délos.

Page 250.   EMBLÈME XL

1. Cet emblème passe communément pour une image de l'*amentia* et de l'*imprudentia*, imprévoyance et folie.

CCCLVII

1. Tanaïs : nom classique du Don (cf. D. CCLXXXIII).

Page 253.   CCCLXIII

1. Veuve : ce féminin renvoie à « mon intention », ma pensée.

Page 255.   EMBLÈME XLI

1. Cet emblème est traité de façon plus voluptueuse dans la gravure de 1544, l'une des rares clairement érotique du recueil.

Page 256.   CCCLXVII

1. Siècle Platonique : une durée immense ; la Grande Année du
monde, cent fois les 360 degrés de la voûte céleste, soit 36 000 siècles ; période au terme de laquelle tous les corps célestes étaient
censés revenir à leur position première.

Page 258.   CCCLXXII

1. Le Cèdre : réputé nocif aux serpents, et censé être un antidote aux morsures de serpent.

Page 259.   CCCLXXIII

1. Sel Agrigentin : la chaux-vive ? Selon Pline, il fond dans le feu et crépite dans l'eau.

                    CCCLXXIV

1. Dieu : Vulcain.
2. Père : Jupiter.

Page 260.   CCCLXXV

1. Comparer cet incipit avec celui du D. CCCXX.

Page 261.   CCCLXXVII

1.Couleur de paille : dans la symbolique des couleurs, à vrai dire incertaine, le jaune est signe de consentement, le blanc de foi ou de fermeté.

Page 262.   CCCLXXVIII

1. Ce dizain repose sur l'idée que, dans le sommeil, l'esprit s'éloigne du corps. L'interprétation des v. 7-10 est controversée.

Page 263.   CCCLXXX

1. Là-sus : là-haut, dans le ciel.

                    CCCLXXXI

1. Considération : sujet de « le tient caché » ; « le demeurant » : complément d'objet, repris par « le ».

Page 264.   CCCLXXXIII

1. Plus elle soulage celui qui a la fièvre.

Page 266.   CCCLXXXV

1. Ce Mont : Fourvière.
2. Les deux Sœurs : Philomèle et Procné, le rossignol et l'hirondelle ; cf. D. XXXI, note 1.

Page 267.   CCCLXXXVIII

1. Ce Toscan : Pétrarque ; son Laurier : Laure.

Page 268.   CCCLXXXIX

1. L'Aigle : impériale ; allusion au sauf-conduit accordé en 1539 à Charles Quint à travers la France pour aller soumettre la révolte de Gand.

1. V. 1-2 : voir D. XXVI, n. 1 ; allusion à une tradition selon laquelle Lyon fut incendié par les Dieux, en punition de son immoralité et de son ingratitude.

1. Plancus : gouverneur de Lyon sous César : voir D. CXII, 10, n. 2.
2. Arar : nom classique de la Saône.
3. L'autre : l'autre part.

1. Libytine : déesse des cadavres et de la mort, elle est l'une des formes sous lesquelles les Latins adorèrent Vénus ; à la Renaissance, assimilée tantôt à Proserpine, tantôt à Vénus.

1. Deubt : doit (de debvoir).

1. Allusion aux mythes de métamorphose en arbre, notamment celui de Daphné changée en laurier.

1. Qui : renvoie à « désir ».
2. Censeur Romain : Caton.
3. Sûre : garantie.

1. Mont, Fleuve, Cité : Fourvière, le Rhône, Lyon.

1. Influence, aspect : au sens astrologique.
2. V. 9-10 : d'interprétation difficile. Le « roi d'Écosse » peut être Jacques V, réputé très superstitieux, mort en 1542 et qui avait séjourné à Lyon en 1537. Les « trois Éclipses » sont connues pour l'année 1544, donc postérieures à la date du dizain, mais Scève peut en avoir connu la prévision astronomique ; « embolismal », obscur, signifierait « intermédiaire » et désignerait cet an 1544. Les éclipses sont considérées comme exerçant (« spirant ») une influence néfaste.

1. Fleuve rongeant : jeu de mots sur Rhodanus/Rodens (rongeant) = le Rhône.
2. Toscan Apollo : Pétrarque ; le tombeau de Laure, que Scève avait cru découvrir dans une église d'Avignon, fait des rives du Rhône une

terre « amoureuse » ; Pétrarque séjourna en Avignon dans ses années de formation et d'étude, comme ensuite le fera Scève.

Page 286.   CDXXII

1. Artémide : Artémis, Diane.

Page 288.   CDXXVI

1. Ce dizain et la série qui le suit (jusqu'au D. CDXLVI) reflètent une influence directe des *Dialogi* de Speroni, publiés à Venise en 1542.

Page 292.   CDXXXII

1. Ottoman : le sultan Soliman II, qui en 1541 fait campagne en Hongrie. « Le froid Allemand » serait l'archiduc Ferdinand.

Page 293.   CDXXXV

1. L'hermaphrodite : l'union parfaite.

Page 294.   CDXXXVI

1. Glaucus : changé en divinité marine ; image reprise de Speroni.

CDXXXVII

1. Allusion aux prétentions de Charles Quint sur la France ; symbolise ici une espérance trompeuse.

Page 296.   CDXXXIX

1. Diotime : l'initiatrice de Socrate dans *Le Banquet* ; image reprise de Speroni.

Page 298.   CDXLIII

1. Sémélé : mère de Bacchus, consumée par le rayonnement de Jupiter (« son Amant ») à qui elle avait demandé d'apparaître dans toute sa gloire. Repris de Speroni.

CDXLIV

1. Non Péripatétique : non celui d'Aristote, mais celui de Platon ; distinction reprise de Speroni.

Page 299.   CDXLVI

1. Caduque mortel : cette faible condition mortelle qui est mienne ; « son vif » : son principe vital.

Page 301.   CDXLVIII

1. Charles Quint assiégea Landrecies en 1542 et échoua devant la science militaire de François Ier.

GLOSSAIRE

A

Aboucher : arriver (XXVIII-10).

Abscons : caché (CLXVII-1).

Absconser (s') : se cacher (CVI-3, CXLV-3).

Absince : absinthe (L-10).

Absoudre : (latinisme) amener (un ouvrage) à perfection, achever (CXXXV-3).

Acertener : assurer (CCXLIX-3).

Achoison : occasion (CXV-6).

Aduste : brûlant, consumant (CCCLXIX-6).

Afferrer : aborder (XXXIX-2).

Affiger : fixer, attacher (IV-7).

Affin (adj.) : proche, allié (CLIX-8).

Alenter : retarder (CCLVI-4).

Allecter : attirer (CCCLXVI-7).

Allée : parcours (LXIV-4).

Aluine : absinthe, breuvage amer (LXX-9).

Amaritude : amertume (XLVI-10).

Antipéristase : action de deux qualités contraires qui se renforcent (CCXCIII-10).

Apparoir : apparaître ; ind. prés. « il appert », subj. prés. « appère » (XLVI-3, XLIX-8, CDXLI-9).

Appère, appert : voir « apparoir ».

Appert (adj.) : évident, manifeste (L-4).

Appertement : ouvertement (LXV-5, CXXXVIII-5).

Arant : de « arer », labourer (CDVII-4).

Arbre : mât (XCIV-6).

Ardoir, ardre : brûler ; part. passé « ars » ou « ard » (XXVI-10, XXVIII-2 et *passim*).

Arguer (trois syll.) : accuser (CXCI-8).

Ascrire : attribuer par écrit (CXXXIX-3).

Assubtilier : affiner, aiguiser (CDII-1).

Attraire : attirer (XXXVI-7, CVII-3, CXIX-2, CXXXII-7, CCXCIII-4).

Attremper : mélanger, modérer (CCLXXIII-3).

Aucun : (dans une phrase positive) quelque, quelqu'un (CCXVIII-2).

Aucunefois : (dans une phrase positive) parfois (LXXXIII-10, LXXXIV-5, CCCLXII-3).

Aucunement : (dans une phrase positive) de quelque façon, quelque peu (CCXCVII-2, CCCXLI-5, CCCLVII-9).

Aure : vent léger, souffle vital (CCXLVI-2, CCCLXXIX-2).

Autoriser : en imposer (CCXI-2).

Avainir (s') : se dissoudre, devenir impalpable (CXII-1)

Avoler : accourir en volant (CDXXI-4).

B

Basilisque : animal fabuleux, dont le regard passe pour mortel. Dans la symbolique, il est aussi emblème d'éternité (I-4, emblème XXI).

Blanc : le centre d'une cible (CCCVIII-4).

Blandissant : caressant, flatteur (XXXIII-3).

Braquemart : épée courte et large (CX-3).

Bref : écrit, ordonnance (CXXXVII-10).

Brouas : brouillard (XCV-5, CXXIV-7).

C

Calamite : aimant (CXC-10).

Caligineux : brumeux, ténébreux (CLXXVIII-2).

Canceller : annuler par un acte écrit (CXCVIII-10).

Caut : prudent, défiant (I-2, XLVII-7).

Ceint (subst.) : ceinture, cordelette (CLXXII-5).

Celément : en cachette, secrètement (LXXXVI-8, CDXXVIII-7).

Ceste : gant plombé (CLXXXI-1).

Chatouiller : (sens fort) exciter (XCIX-8, CXVIII-2).

Cherté : 1) affection ; 2) manque, disette (XL-8). Voir note du D. XL.

Chevêcher : ululer comme une chevêche (orfraie) (LVII-10).

Cicorée : chicorée ; ici, héliotrope (emblème XVI).

Cliner : pencher, incliner (XI-3, CLXXXVI-4, CCLIII-5).

334

Clore : fermer ; passé déf. « il clouit », part. prés. « clouant » (CXXXIII-1 et *passim*).

Clouit, clouant : voir « clore ».

Coi : tranquille, isolé (CCLXI-5).

Coint : joli, élégant (CCLXXXI-1).

Colloquer : placer (CDXLV-3).

Compartir : répartir (CCLI-3).

Compas : mesure, ordre ; « par compas » : avec modération (CDXXIII-6).

Compasser : mesurer, ordonner dans certaines proportions (CI-6, CLXVIII-5, CCCLXXIV-7) ; évaluer, estimer (CCCXXVIII-9).

Concent : accord, combinaison harmonieuse de sons (CXXVII-2, CLVII-6, CXCVI-6, CCLVI-8, CCCXLIV-2).

Conciter : exciter, faire naître un sentiment (CCCXV-5).

Conjurer : jurer (LXX-6).

Consommer : consumer (LXIX-3, LXXVII-6).

Conspect : vue, image ; « au conspect » : en présence (I-9).

Contendre : rivaliser, lutter (LII-5, LXXXVII-4, CLXXXI-1, CDXX-4).

Converser : fréquenter (CCCI-1, CCCLXVI-4).

Cordelle : parti, servitude (CDI-3).

Cortines : courtines, rideaux (CXXVI-3).

Courage : cœur (XXXVII-4, LXI-2, CDIX-2).

Cuider : penser, croire (XXI-4, XXXVIII-4 et *passim*).

Cure : souci, soin (VI-2, XXXVII-5, CXIII-9, CXLV-8, CDXIV-2).

Curieux : zélé, soucieux, passionné (CCLXXXIII-1, CCCXLII-7).

Custodes : courtines (CCCLXXVIII-5).

D

Daigner : juger digne, gratifier (LX-3, CXXVIII-2).

Décevoir : tromper (XIII-2, XXIX-7 et *passim*).

Décoration : beauté (IV-5).

Déçu : trompé (XIII-2, LVII-4).

Déduire (se) : s'amuser (LXXIV-3).

Déduit : plaisir (CLXXV-6, CCXXXVI-3, CCCXXXIX-8).

Deffameur : diffamateur, calomniateur (LXV-9).

Dégluer : désengluer (CCXXVII-1).

Dégoûter : rebuter, enlever le goût (CXCI-1).

Délivre : débarrassé, libre (LVI-6).

Dénuer (se) : se dépouiller, se diluer (CCCXCVII-3).

Département : départ (CXXXVIII-2).

Dépendre : dépenser (LXXV-1, CCXXXIX-7).

Déplier : expliquer, développer (CCLXXVIII-5).

Desservir : servir ; (anc.) mériter. Scève joue sur l'ambiguïté des sens (CXLII-10).

Détroit : impasse, situation difficile (CLXXXV-7, CCCLIV-8).

Deulx (je me) : voir « douloir ».

Diapre : jaspe (CCLXXXV-1).

Dictamnum : dictame, censé expulser les flèches d'un corps blessé (CDXXII-8).

Diffame : déshonneur (LXXXIII-3).

Dispenser : destiner (CCCLXXX-3).

Dont : d'où, c'est pourquoi (III-3, XIII-7, XLVIII-9, LXXVI-7).

Douloir : souffrir ; prés. « je me deulx » (LXXVI-3, CXXIII-7, CLXXXVII-3, CCCIX-1, CDVI-4, CDXXXI-7).

Douter : redouter (LXI-8, LXVI-5, CCCXXXVII-9).

E

Écondire : refuser, dénier (VIII-8).

Efficace (subst.) : efficacité, pouvoir (CCCXVI-9).

Emblée (à l') : en cachette (CCCXCIII-4).

Emboucher : enjoindre (CCCLXXIV-3).

Émeril : émeri (CDXV-8).

Encendrir : réduire en cendres (CCLXIV-2).

Encenser : encensoir (CXXI-4).

Enhorter : exhorter (CXVII-8, CLXXXIX-5).

Ennuyer : (sens fort) harasser, torturer (CXXXI-8, CDIX-8).

Entailler : graver, sculpter (CCLXXXV-4, CCCXXXIX-5, CDXVIII-5).

Entreclore : arrêter en fermant ; passé déf. « il entreclouit » (LXXVI-6).

Épamoyable : qui fait que l'on se pâme (CCCXCIX-7).

Épinces : tenailles (CDXXXII-6).

Ès : dans les (*passim*).

Esperit : esprit (CCLXVII-2) ; plur. : esprits vitaux (CV-3, CCXVII-5, CCCLXXIX-1, CCCXCVIII-4).

Étrangement : action de sortir de sa propre nature en se modifiant (XV-5).

Étranger (vb.) : éloigner, exclure (CLXVIII-8, CCXCVII-10).

Exercer : éprouver, expérimenter (CCXVIII-10).

Expugner : combattre, vaincre (CCLVIII-6, CDXIX-7).

Extase : catalepsie, transe (CCXCIII-8).

F

Fallace : ruse, tromperie (CDVII-2).

Fallebourde : flèche (CXXXVII-4).

Fame : renommée (LIV-8, CCXXVII-8, CCXL-6, CCLIII-7, CCLXXXIV-9).

Fantasier : imaginer (CCLXI-2).

Feindre : fabriquer, faire en esprit, imaginer, représenter (CXI.VI-4, CXLIX-4) ; se feindre : hésiter (CXXX-9, CXXXVII-3 et *passim*).

Fiance : confiance (CV-4).

Finer : borner, finir (XLI-2, CLI-3, CLXXXI-9).

Finesse : ruse (CCXIII-4).

Flambe : flamme (CXXI-7).

Floquer : bouffer, former un relief (CCCLXXVII-9).

Forjeter : projeter (CLXXVI-3).

Fors : excepté, hormis ; « ne... fors » : ne... que (L-9, XCII-8 et *passim*).

Franc : libre (CXCVIII-3).

Franchise : liberté (CXCV-2, CDXIX-2).

Fruition : jouissance (XLVII-8, CCXXVI-8, CCXCVIII-3, CDXIV-6).

Fulminatoire : qui envoie la foudre (CX-9).

Fuser : faire fondre (LXXXI-2).

Fusil : briquet, pièce qui fait jaillir une étincelle de la pierre (CCXCII-1).

Fûte : vaisseau léger (XCIV-4).

G

Genèvre : genévrier (emblème d'immortalité) (CDXLIX-9).

Grillet : cigale ou grillon, symbole de l'imagination, du caprice (CLIII-7).

Gruer : attendre, faire le pied de grue (création probable de Scève) (XCIX-5).

Guerdonner : gratifier (CCV-3).

H

Hélique (courroie) : spirale, volute (CDXVIII-6).

Heur : bonheur, chance, hasard (CXXXVI-1, CXXXIX-3 et *passim*).

Hoste : (latinisme) ennemi (XXXI-8).

Hydraule : clepsydre, horloge à eau (CCCXXXI-1).

Hyerre (l') : (le) lierre (emblème XVII).

I

Impiété : cruauté, absence de pitié (CDI-10).
Impiteux : impitoyable (CCCXVI-2).
Impollu : sans tache, pur (CCLV-4).
Impropérer : reprocher (LXXXIII-5, CCCLXII-6).
Incensé : incendié (X-5).
Inconvincible : insurmontable (CCLXXX-5, CCCXVII-9).
Infime : profond, le plus profond, inférieur (LXXIX-2).
Ire : colère (CXCV-6, CCXV-6, CCXLIV-3).
Issir : sortir (CCLV-1, CCXCIV-1).

J

Jaçoit que..., jà soit (...) que... : bien que (CDXXIX-1).

L

Labile : mouvant, glissant (CCXXXVIII-5).
Lac, las, lacs : lacet, réseau, piège (VIII-6, emblème XLVI).
Lame : pierre funéraire (CLIX-4).
Létharge : oubli (CDXLIX-10).
Los : louange, renommée (XXI-9, CXLVI-7, CXCII-6, CCXLVI-5, CCLI-10).
Lubrique : glissant, peu sûr (XLVIII-8).
Lustrer : éclairer, regarder (CCLXX-1, CCLXXI-6, CCLXXXII-3).

M

Manie : folie (CLVII-3).
Marguerite : perle (CCLV-7).
Marrir : affliger, chagriner (CXXIV-2).
Marrissement, marrisson : tristesse, déplaisir (CCCLXIX-2).
Méfaire : faire un dommage, un méfait (III-3).
Mépartir : partager (XXX-5, CDXXXVII-10).
Méprendre : commettre une faute (CXX-8).
Meurer : porter à maturité (CCLXXV-6).
Mitiguer : adoucir (CCXXXIX-1).
Moleste : pénible (CDXXX-4).
Montjoie : tertre élevé, tas, amas (LVIII-9, CLVI-2).

N

Ne : ni (v-9, LXIX-7 et *passim*).
Négotieux : zélé, attentif (CCXLII-3).
Nom : renommée, renom (CXIX-7, CXXXV-10).
None : la neuvième heure (environ trois heures de l'après-midi) (XCII-2).
Nourriture : enfant, celui que l'on « nourrit » (= élève) (LXXIV-2).

O

Oblique (subst.) : cercle (CCCXXXI-2, CCCXLIX-8).
Oblivion : oubli, liqueur d'oubli (CXLVII-2).
Oignement : onction (CCCLXI-7).
Onc, onques : dans une phrase positive : une fois ; dans une phrase négative : jamais (v-4, XLI-4 et *passim*).
Or, or', ore, ores : maintenant, alors ; « ores... ores » : tantôt... tantôt (XXX-5, XLVIII-2 et *passim*).
Où : (adversatif) tandis que (XXVI-8. XLV-3 et *passim*).
Outrecuidé : excessif (CCLX-1).
Outrecuider : extravaguer, donner dans la démesure (CXLV-10, CCXCVIII-2).
Outrément : excessivement (CDXX-6, CDXXVII-10).
Outrepas : excès, degré suprême, perfection (XLIX-6).
Outrepasse (subst.) : merveille, prodige, excès (CCXXX-5).
Outrepasser : vaincre, surmonter (CXXV-6).
Outrer : blesser (CLXXIII-9, 10, CCCLXXIV-5).

P

Pache : pacte (XX-6).
Paonner (se), (deux syll.) : se pavaner (LVIII-10, CCCXVIII-1).
Papegaux : perroquets (CCXLVII-6).
Passible : susceptible de souffrir (CCXXXIV-4).
Pharètre : carquois (CCCXXI-3).
Piteux : pitoyable ; qui éprouve ou qui inspire pitié (I-9, VIII-3 et *passim*).
Plaint (subst.) : plainte (XLIV-3).
Player : blesser, couvrir de plaies (XXI-8, CCCXI-1, CCXIII-10).
Playeux : blessé, couvert de plaies (CXII-9).
Pleige : garant (XXVII-5).

Pleiger : garantir (XXVII-4).

Poge... Orse : directions en mer ; poge : tribord ; Orse : l'Ourse ; « naviguer à Poge et Orse » : tenir un cap incertain (CCCXCIII-3).

Poindre : transpercer ; part. passé « point » (LXXVIII-3, CLIV-5 et *passim*).

Point : voir « poindre ».

Pour : souvent au sens causal ; à cause de ; ex. : XXXI-9 « pour non povoir » = puisqu'il ne peut ; LXVI-6 « pour être » = parce qu'elle est (*passim*).

Prémier (trois syll.) : récompenser (CCLII-6).

Pressif : contrainte violente (CCXIV-3).

Primevère : printemps (CXLI-2, CCXXIV-4).

Procurer : veiller à (CCLXVI-5).

Prolation : prononciation (CLVII-7).

Prospective : perspective (LXXIII-4).

Prurison : démangeaison, prurit (XCIX-7).

Puis : ensuite, depuis (XXXIII-8, CCXXVI-8, CCCXLIX-4).

Q

Quérir, quierre : chercher ; prés. « je quiers » (CCLXXI-8).

R

Ramentois : de ramentevoir, se rappeler (XC-3).

Rayant : rayonnement (CCXC-3).

Reboucher : émousser (CCCLXXIV-1).

Record : souvenir, mention (CCLXVII-1).

Redonder : abonder, redoubler (CCLXI-3).

Réfrigère : rafraîchissement, réconfort (CVI-2).

Repentin (adj.) : soudain (CCCXCVIII-2).

Restagner : (lat. « restagnare ») déborder (LVIII-7, CCCLXXIII-7).

Restreindre : réserver (CLIII-4).

Révolte : révolution, tour sur soi-même (emblème XV).

Rez à rez : à ras (LXXVIII-4).

Rien : (dans une phrase positive) quelque chose (*passim*).

Rouer : tournoyer, tourner (CDXI-1, substantivé).

S

Sageter : jeter des sagettes (flèches) (CCLXVIII-8).

Sagettes : flèches (CCLXVIII-10).

Saisine : possession par saisie (CCXXV-6).
Second : favorable (CDII-6).
Seigneurier : régner (CXLVI-2).
Selle : tabouret (emblème (XXV).
Sens (subst. sg.) : faculté mentale ; intelligence (XLIX-3, LVI-3, CXLII-1).
Seréner : rendre serein (XLV-7).
Si : (adversatif) pourtant (L-8, CLXXXI-7 et *passim*).
Si... que : si bien que (CXLI-5 et *passim*).
Silent : silencieux (LXXV-7, CCXXVIII-9).
Soit que : même si, bien que (CXVII-3, CLXXV-4, CCLXXIII-3 et *passim*).
Sollicitude : souci (CIV-8, CCXCIV-5).
Somme : fardeau (CXII-4).
Sonder : éprouver, examiner (CCXXXIV-3).
Souef : doux, suave (CXLVI-10).
Soulacieux : réconfortant, joyeux (CDXXIII-1).
Soulas : soulagement (CXLVI-9).
Souler, souloir : avoir l'habitude (CCLXVI-9).
Sourgeant : surgissant, jaillissant (CCCVII-10).
Spirer : respirer, exhaler, exercer une influence (CCCLXXII-9, CDXVI-10).
Stiller : couler, instiller, verser goutte à goutte (XII-6)
Strigile : étrille (CLXXIV-10).
Supplir : suppléer (CXXXIV-3, CLXXXVIII-9).
Surprimer : l'emporter sur (CVIII-5).

T

Tailloir : partie supérieure d'un chapiteau (CDXVIII-1).
Targue : bouclier (emblème IX).
Terrir : épouvanter (CCCLX-6).
Tournoyer : faire le tour de (CLXV-8).
Transporter : rapporter (CLXII-2).
Travail : (sens fort) tourment, torture, souffrance (LII-3, C-3 et *passim*).
Travailler : peiner (CXCI-2).

U

Union : perle (CLXXII-3).

341

V

Vener : chasser, poursuivre comme du gibier (CXXXI-7).
Vêpre : Vesper, le soir (CXXXIII-1).
Ver : printemps (CXLVIII-9, CLXXI-2).
Vilté : bassesse (CCCLXXI-6, CCCLXXXI-1, CCCLXXXVII-5).
Vitupérable : blâmable (LIX-7).
Vitupère (subst.) : affront, blâme (LXXXIII-2, CXCII-6, CDXLI-6).
Voire : vraiment, et même (II-5, CCCII-1, CCCXII-3, CCCLXXXI-6).
Voise : subj. de « aller » (CLXXXII-10, CDXXIX-8).
Vueil : vouloir, volonté (XXXIII-3, CLXIX-6, CLXXIV-7).

Y

Yraigne : araignée (emblème XLVI).

L'ORDRE DES FIGURES ET EMBLÈMES

344

TABLE ET INDICE
de tous les Dizains par l'ordre et même nombre d'un chacun

A

B

C

347

G

H

I

J

351

M

Ou le contraire est certes vérité	LXXXIV
Ou sa bonté par vertu attractive	CL

P

Par ce haut bien qui des Cieux plut sur toi	XC
Par ce penser tempêtant ma pensée	CCCXLVIII
Pardonnez-moi, si ce nom lui donnai	CCCXCIV
Par le penser, qui forme les raisons	LXIX
Par long prier, l'on mitigue les Dieux	CCXXXIX
Par maint orage ai secouru fortune	XXXIX
Par mes soupirs Amour m'exhale l'Âme	CCC
Parmi ces champs Automne pluvieux	CLXXI
Par ta figure, hauts honneurs de Nature	CLXXVII
Par tes vertus excellentement rares	CCLIII
Par ton regard sévèrement piteux	CXV
Pauvre de joie et riche de douleur	CCLVI
Persévérant en l'obstination	L
Petit objet émeut grande puissance	CXIX
Peu s'en fallait, encore peu s'en faut	CDXX
Peuvent les Dieux ouïr Amants jurer	XX
Phébé luisant', par ce Globe terrestre	CC
Phébus dorait les cornes du Taureau	CCXXIII
Plaindre provient partie du vouloir	CLXXXVII
Plaisant repos du séjour solitaire	CDXIV
Plongé au Styx de la mélancolie	CCCLXIX
Plus croît la Lune et ses cornes renforce	CCCLXXXIII
Plus je la vois, plus j'adore sa face	CCCVII
Plus je poursuis, par le discours des yeux	CCLXXXVIII
Plus librement, certes, j'accuserais	LXI
Plus pour ébat, que non pour me douloir	CCCIX
Plutôt seront Rhône et Saône déjoints	XVII
Plutôt vaincu, plutôt victorieux	CCXXII
Pour émouvoir le pur de la pensée	CCCLXXX
Pour être l'air tout offusqué de nues	CLXXVIII
Pour la fraîcheur, Délie se dormait	CCCXXXV
Pour me dépendre en si heureux service	LXXV
Pour m'efforcer à dégluer les yeux	CCXXVII
Pour m'enlacer en mortelles défaites	CXVII
Pour m'incliner souvent à celle image	CCLXXV
Pour non ainsi te découvrir soudain	CCXCIX
Pourquoi fuis ainsi vainement celle	CCLXIII
Pourquoi reçois-je en moi mille arguments	CLXXXIII

357

V

LE XVIᵉ SIÈCLE
DANS *POÉSIE/GALLIMARD*

Ce volume,
le cent quatre-vingt-sixième de la collection Poésie,
composé par SEP 2000,
a été reproduit et achevé d'imprimer
par Bussière Camedan Imprimeries
à Saint-Amand (Cher), le 10 juillet 2003.
Dépôt légal : juillet 2003.
1ᵉʳ dépôt légal dans la collection : avril 1984.
Numéro d'imprimeur : 033245/1.
ISBN 2-07-032252-1./Imprimé en France.